Platon

Parmenides

Übersetzt von Franz Susemihl

Platon: Parmenides

Übersetzt von Franz Susemihl.

Entstanden vermutlich nach 360 v. Chr. Erstdruck (in lateinischer Übersetzung durch Marsilio Ficino) in: Opere, Florenz o. J. (ca. 1482/84). Erstdruck des griechischen Originals in: Hapanta ta tu Platônos, herausgegeben von M. Musoros, Venedig 1513. Erste deutsche Übersetzung durch Johann Friedrich Kleuker in: Werke, 5. Band, Lemgo 1792. Der Text folgt der Übersetzung durch Franz Susemihl von 1865.

Neuausgabe mit einer Biographie des Autors
Herausgegeben von Karl-Maria Guth
Berlin 2017

Der Text dieser Ausgabe folgt:
Platon: Sämtliche Werke. Berlin: Lambert Schneider, [1940].

Die Paginierung obiger Ausgabe wird hier als Marginalie zeilengenau mitgeführt.

Umschlaggestaltung von Thomas Schultz-Overhage unter Verwendung des Bildes: Raffael, Die Schule von Athen (Detail)

Gesetzt aus der Minion Pro, 11 pt

Verlag: Henricus - Edition Deutsche Klassik GmbH
Mörchinger Str. 33, 14169 Berlin, info@henricus-verlag.de
Druck: Libri Plureos GmbH, Friedensallee 273, 22763 Hamburg

Die Ausgaben der Sammlung Hofenberg basieren auf zuverlässigen Textgrundlagen. Die Seitenkonkordanz zu anerkannten Studienausgaben machen Hofenbergtexte auch in wissenschaftlichem Zusammenhang zitierfähig.

ISBN 978-3-7437-0809-9

Bibliografische Information der Deutschen Nationalbibliothek

Die Deutsche Nationalbibliothek verzeichnet diese Publikation in der Deutschen Nationalbibliografie; detaillierte bibliografische Daten sind im Internet über www.dnb.de abrufbar.

Parmenides

Kephalos erzählt

In seiner Erzählung treten auf:

**Adeimantos · Glaukon · Antiphon · Pythodoros · Sokrates ·
Zenon · Parmenides · Aristoteles**

Als wir aus unserer Heimat Klazomenai nach Athen gekommen waren, trafen wir dort auf dem Markte Adeimantos und Glaukon. Und Adeimantos, mich bei der Hand fassend, sprach: Sei gegrüßt, Kephalos, und wenn ich dir hier mit etwas dienen kann, was in meinen Kräften steht, so sage es!

Ei, erwiderte ich, gerade zu dem Zwecke bin ich ja hierher gekommen, um euch um etwas zu bitten.

So sprich uns denn deine Bitte aus, versetzte er.

Und ich fragte ihn: Wie hieß doch gleich euer Bruder von mütterlicher Seite? Denn ich habe seinen Namen vergessen. Er war nämlich noch ziemlich ein Kind, als ich das vorige Mal aus Klazomenai hierher zum Besuche gekommen war, und viele Zeit ist schon seitdem verstrichen. Sein Vater indes hieß, dünkt mich, Pyrilampes.

Jawohl, antwortete er, und er selbst heißt Antiphon. Doch weshalb fragst du eigentlich hiernach?

Diese da, entgegnete ich, sind Landsleute von mir und der Philosophie in hohem Grade ergeben, und da haben sie denn nun erfahren, daß dieser Antiphon viel mit einem gewissen Pythodoros, einem Freund und Jünger des Zenon, verkehrt und die Unterredung, die einst Sokrates mit dem Zenon und Parmenides gepflogen, durch wiederholtes Anhören derselben aus dem Munde des Pythodoros seinem Gedächtnis angeeignet habe.

Ja, so verhält sich die Sache, erwiderte er.

Nun, eben diese Unterredung, sprach ich, wünschen wir von ihm mitgeteilt zu hören.

Nun, das wird ohne Schwierigkeiten vonstatten gehen, versetzte er; denn als ein heranreifender Jüngling hat er sie mit großem Eifer sich eingeprägt, während er jetzt freilich nach dem Vorbilde seines gleichnamigen Großvaters sich vielmehr meistens mit der Reitkunst zu beschäftigen pflegt. Also wenn es sein muß, laßt uns zu ihm gehen: denn gerade eben ist er von hier nach Hause gegangen, und er wohnt hier in der Nähe in Melite.

Nachdem wir nun solches miteinander verhandelt hatten, machten wir uns auf und trafen den Antiphon zu Hause, wo er eben dem Schmiede einen Zaum zur Ausbesserung übergab. Nachdem er nun diesen abgefertigt hatte, teilten seine Brüder ihm mit, weshalb wir gekommen waren, und er erkannte mich noch wieder von meinem vorigen Aufenthalte her und hieß mich willkommen. Und als wir ihn nun baten, uns jene Unterredung mitzuteilen, sträubte er sich anfangs: denn es sei das, sagte er, eine schwierige Aufgabe; dann aber ließ er sich denn doch dazu herbei.

Und so erzählte denn Antiphon, wie Pythodoros ihm mitgeteilt habe, es seien einst zu den großen Panathenaien Zenon und Parmenides gekommen. Parmenides nun sei schon hoch bejahrt und ganz grau gewesen, aber noch immer schön und stattlich von Ansehen, gegen fünfundsechzig Jahre und darüber alt; Zenon habe deren aber damals nahe an vierzig gezählt, sei schlank und von anmutigem Äußeren gewesen und habe dafür gegolten, einst der Geliebte des Parmenides gewesen zu sein. Eingekehrt aber waren sie, wie Antiphon sagte, bei Pythodoros außerhalb der Stadt in Kerameikos, und dahin seien denn auch Sokrates und viele andere mit ihm gekommen, in der Absicht, den Zenon seine Schrift vorlesen zu hören, denn diese sei damals auf diese Weise zuerst in Athen bekannt geworden, indem jene beiden Männer sie zu diesem Zwecke mitgebracht; Sokrates sei damals aber noch sehr jung gewesen.

Vorgelesen nun habe ihnen Zenon sie selbst; Parmenides aber sei gerade außer Hause gewesen; und es sei nur noch sehr wenig von der Vorlesung übrig gewesen, als Pythodoros selbst, wie er sagte, von draußen hereingetreten sei und mit ihm Parmenides und Aristoteles, welcher später zu den Dreißig gehörte, und so hätten sie nur noch wenig von dem Buche gehört. Indessen habe er selbst schon früher den Zenon es ihm vorlesen hören.

Da habe denn nun Sokrates, nachdem er es angehört, den Zenon gebeten, die erste Voraussetzung der ersten Erörterung noch einmal zu lesen und, als dies geschehen war, gesagt: Wie, Zenon, meinst du dies, wenn das Seiende Vieles ist, daß es dann doch notwendig sowohl ähnlich als unähnlich sein müsse und dies doch unmöglich sei? Denn das Unähnliche könne doch unmöglich ähnlich und das Ähnliche unmöglich unähnlich sein: sind das nicht deine Worte?

Ja, habe Zenon geantwortet.

Also, wenn unmöglich das Unähnliche ähnlich und das Ähnliche unähnlich sein könne, so sei es auch unmöglich, daß Vieles sei: denn wenn Vieles wäre, so würde ihm jenes Unmögliche widerfahren. Nicht wahr, das ist es, was deine Beweisführungen bezwecken: sie sollen allem gewöhnlich Angenommenen zuwider dartun, daß es keine Vielheit gibt? Und du glaubst, daß hierfür jede von den Erörterungen deines Buches je *einen* Beweis liefert, so daß du demnach meinst, ebensoviele Beweise gegeben zu haben, als die Zahl der Erörterungen ist, in welche deine Schrift zerfällt, dafür daß es eben keine Vielheit gibt? Nicht wahr, so ist deine Meinung, oder verstehe ich dich nicht richtig?

Nein, habe Zenon erwidert, sondern du hast ganz richtig die Absicht meiner ganzen Schrift begriffen.

Ich erkenne also wohl, Parmenides, habe sich Sokrates jetzt an den letzteren gewandt, daß Zenon nicht bloß durch alle anderen Bande der Freundschaft ganz dein eigen sein will, sondern auch durch diese Schrift. Denn er hat gewissermaßen nur gerade dasselbe geschrieben wie du und versucht bloß, indem er die Sache vom entgegengesetzten Ende anfaßt, uns zu täuschen und uns glauben zu machen, er sage etwas anderes. Du nämlich sagst im deinem Gedicht, das All sei Eins, und bringst dafür schöne und treffende Beweise bei; er aber sagt nun wieder, es sei nicht Vieles, und liefert dafür auch seinerseits gar viele und starke Beweise.

Dies nun, daß der eine behauptet, es gebe nur Eins, und der andere, es gebe nicht Vieles, und daß jeder von beiden sich so ausdrückt, daß er in keinem Stücke dasselbe gesagt zu haben scheint wie der andere, während sie doch nahezu in allem dasselbe sagen, – das ist offenbar für uns andere zu hoch, und diese Art einer Beweisführung geht über unseren Gesichtskreis hinaus.

487

5

Du magst wohl recht haben, Sokrates, habe da Zenon bemerkt, nur aber hast du denn doch den wahren Standpunkt meiner Schrift nicht durchweg richtig erkannt, so sehr du auch wie ein tüchtiger lakonischer Jagdhund die Fährten meiner Darstellung verfolgst und ihr bis in ihre Schlupfwinkel nachspürst. Denn zuvörderst bist du darin im Irrtum: meine Schrift will gar nicht so ernst und großartig auftreten, als wollte sie, während sie wirklich in der von dir angegebenen Absicht geschrieben ist, den Leuten diesen ihren Zweck verbergen und sie glauben machen, als führe sie noch etwas ganz Besonderes im Schilde. Vielmehr ist dies nur ein ganz zufälliger Schein von ihr, und in Wahrheit ist sie dazu bestimmt, eben dem Satze des Parmenides zu Hilfe zu kommen gegen diejenigen, die glauben, ihn lächerlich machen zu können, indem sie meinen, der Satz, es gebe nur Eines, verwickle sich notwendig in vielerlei Ungereimtheiten und Widersprüche mit sich selbst. Eben deshalb wendet sich also diese Schrift gegen diejenigen, die da vielmehr behaupten, es gebe Vieles, und gibt ihnen jene ihre Vorwürfe in noch verstärktem Maße zurück, indem sie zu zeigen sucht, daß ihre Voraussetzung, es gebe Vieles, noch weit größere Ungereimtheiten nach sich zieht, wenn man ihr nur gehörig zu Leibe geht, als die, es gebe nur Eines.

In solcher Art von Streitlust ward sie von mir, da ich noch Jüngling war, geschrieben, und da entwendete mir jemand das Manuskript, so daß mir nicht einmal erst zu überlegen vergönnt war, ob ich es überhaupt ans Licht ziehen solle oder nicht. In der Beziehung also mindestens, Sokrates, bist du im Irrtum, daß du dies Buch nicht von der Streitlust eines Jünglings, sondern von dem Ehrgeiz eines gereiften Mannes geschrieben glaubst, obgleich du im übrigen, wie schon bemerkt, es nicht übel abgeschildert hast.

Wohl, ich nehme das an, habe Sokrates erwidert, und glaube, daß es sich so verhält, wie du angibst; das aber sage mir: Bist du nicht der Ansicht, daß es einen Begriff der Ähnlichkeit an und für sich gibt und auf der anderen Seite wiederum etwas diesem Entgegengesetztes, das, was wahrhaft unähnlich ist, und daß an diesen beiden sowohl ich als auch du und alles andere, was wir Vieles nennen, teil haben, und daß dasjenige, was an der Ähnlichkeit teil hat, eben dadurch ähnlich wird, insoweit und bis zu dem Grade, als es an ihr teil hat, was aber an der Unähnlichkeit teil hat, eben dadurch unähnlich, und was an beidem teil hat eben dadurch beides? Und wenn da nun alles an diesen beiden doch eben einander entgegengesetzten Begriffen teil hat und durch eben diese Teilnahme an beiden untereinander zugleich ähnlich und unähnlich ist, was ist daran zu verwundern? Freilich, wenn jemand nachwiese, daß das Ähnliche an sich unähnlich und das Unähnliche an sich ähnlich werde, das wäre, meine ich, ein Wunder; wenn aber dem, was an beidem teil hat, auch beides widerfährt, so scheint mir wenigstens, Zenon, dies keineswegs auffallend zu sein, ebensowenig wie wenn jemand zeigt, daß alles Eins durch die Teilnahme an dem Eins an sich und zugleich auch wiederum Vieles durch die Teilnahme an der Vielheit an sich sei; aber wenn jemand jenes wahrhaft so zu nennende Eins selber als Vieles und ebenso jene wahrhafte Vielheit als Eins aufwiese, das allerdings würde mich wundernehmen. Und mit allem anderen steht es ebenso: wenn jemand darzutun vermöchte, daß die Gattungs- und Artbegriffe oder Ideen selbst die ihnen geradeswegs entgegengesetzten Beschaffenheiten und Zustände in sich aufnähmen und an sich trügen, so würde das verwundernswert sein; wenn aber jemand dartut, daß ich zugleich Einer und Vieles bin, was ist daran zu verwundern? Wenn er, um nachzuweisen, daß ich Vieles bin, geltend macht, daß ja ein anderes dasjenige ist, was sich an meiner rechten, und ein anderes, was sich an meiner linken, ein anderes, was sich an der vordern, und ein anderes, was sich an der hinteren Seite meines Körpers, ein anderes ebenso, was sich oben, und ein anderes, was sich unten an ihm befindet? Denn ich habe ja eben Wirklich, sollte ich denken, an der Vielheit teil. Und wenn er dartun will, daß ich Eins bin, so wird er sagen, daß ich hier unter uns sieben eben *ein* Mensch bin; denn ich habe ja auch an dem Eins teil; und so wird sein Nachweis für beides zutreffend sein. Wenn daher jemand dergleichen Dinge wie z.B. Steine, Hölzer und sonst derartiges als Einheiten und Vielheiten zugleich aufzuweisen unternimmt, so werden wir zugeben, er habe sie uns wirklich als Vieles und Eines zugleich erwiesen, aber nicht das Eine selbst als Vieles und das Viele selbst als Eines, und er behauptet damit gar nichts Besonderes, sondern nur das, was jedermann zugeben wird. Falls aber jemand in der von mir eben bereits bezeichneten Weise zuvörderst die Ideen selber von den Dingen absonderte und sie als an und für sich seiend hinstellte, wie z.B. die der Ähnlichkeit und Unähnlichkeit, der Vielheit und Einheit, der Ruhe und Bewegung und so fort, und falls er dann bewiese, daß diese selber mit einander vermischt und von einander getrennt werden könnten, dann würde ich für mein Teil mich gar erstaunlich wundern, lieber Zenon. Jene deine Auseinandersetzungen scheinen mir nun allerdings gar wacker durchgeführt; aber doch würde ich, wie gesagt, noch weit mehr denjenigen bewundern, der eben dieselbe Schwierigkeit auch als in die Ideen selbst auf mannigfache Weise verflochten, der sie, ebenso wie du in dem mit den Sinnen Wahrnehmbaren, so auch in dem nur mit der Vernunft Erfaßbaren aufzudecken vermöchte.

Als Sokrates so gesprochen, erzählte Pythodoros, habe er seinerseits geglaubt, daß Parmenides und Zenon alles, was er vorgebracht, Stück für Stück unwillig aufnehmen würden; allein beide hätten dem Sokrates nicht bloß große Aufmerksamkeit geschenkt, sondern auch häufig beifällig lächelnd einander angeblickt und so ihre Bewunderung desselben zu erkennen gegeben. Und Parmenides habe diese denn auch, als jener geendet, mit Worten ausgedrückt, indem er sprach: O Sokrates, wie sehr verdienst du Bewunderung um deines Forschertriebes willen! Und nun sage mir: Hast du selbst jene Sonderung gemacht, die du eben aussprachst, indem du als ein Gesondertes jenes etwas hinstellst, was du an sich seiende Ideen nennst, und wiederum als ein Gesondertes die Dinge, welche an ihnen bloß Anteil haben, und scheint dir wirklich die Ähnlichkeit an sich etwas zu sein gesondert von derjenigen Ähnlichkeit, welche wir an uns tragen, und ebenso die Einheit und Vielheit und alles, was du sonst eben von Zenon hörtest?

Allerdings, habe Sokrates erwidert.

Und denkst du auch, habe Parmenides gefragt, über alles, was von folgender Artist, ebenso: Nimmst du auch eine für sich bestehende Idee des Gerechten, des Schönen, des Guten und alles anderen an, was dahin gehört?

Ja, habe Sokrates geantwortet.

Und ferner auch eine Idee des Menschen gesondert von uns, und andere ähnliche Ideen gesondert von allem, was unseresgleichen ist, nicht bloß eine Idee des Menschen also, sondern z.B. auch eine Idee des Feuers und auch des Wassers?

Ich war oftmals, habe jener versetzt, in Zweifel darüber, Parmenides, ob ich auch in betreff dieser Gegenstände ebenso urteilen solle als in betreff jener oder anders.

Und gewiß bist du auch über solche Dinge, bei denen es sogar lächerlich scheinen könnte, wie z.B. über Haar, Kot, Schmutz und was sonst recht verachtet und geringfügig ist, in Verlegenheit, ob es auch von einem jeglichen unter ihnen eine für sich bestehende Idee gebe, die verschieden ist von diesen Gegenständen selbst, die wir mit Händen greifen können, oder aber nicht?

Keineswegs, habe Sokrates geantwortet, vielmehr meine ich, daß diese Dinge wohl eben dasselbe auch sind, wie wir sie sehen, und daß es doch allzu seltsam herauskommen würde, wenn man auch von ihnen besondere Ideen annehmen wollte. Freilich hat mich hin und wieder schon der Gedanke beunruhigt, ob sich die Sache nicht bei allen Dingen ganz auf die gleiche Art verhalte; in der Folge aber, wenn ich bei diesen Dingen zu stehen komme, wende ich ihnen schnell wieder den Rücken, aus Furcht, hier in einen wahren Abgrund der Albernheit zu versinken und darin umzukommen; und wenn ich dagegen wieder dann bei jenen angelangt bin, von denen wir soeben behaupteten, es gebe von ihnen Ideen, so beschäftige ich mich gern mit ihnen und verweile bei ihnen mit Freuden.

Du bist eben noch jung, Sokrates, habe da Parmenides gesprochen, und die Philosophie hat dich noch nicht so ergriffen, wie sie dich, glaube ich, einst noch ergreifen wird, wenn du keins dieser Dinge mehr geringschätzest; jetzt aber nimmst du noch zu viel Rücksichten auf Menschenmeinungen infolge deiner Jugend. – Das nun aber sage mir: Scheint es dir also wirklich so, wie du sagst, daß es gewisse begriffliche Wesenheiten gebe, von denen alles andere, was wir hier wahrnehmen, infolge seiner Teilnahme an ihnen seinen Namen trägt, wie z.B. dasjenige, was an der Ähnlichkeit teil hat, eben dadurch auch ähnlich, und was an der Größe teil hat, groß, und was an der Gerechtigkeit und Schönheit teil hat, gerecht und schön wird?

Allerdings, habe Sokrates erwidert.

Nun muß aber doch wohl alles, was auf diese Weise teilnimmt, entweder an der ganzen Idee teilnehmen oder an einem Teile derselben? Oder ist außerdem noch eine dritte Art der Teilnahme möglich?

Nein, wie wäre das denkbar? habe Sokrates geantwortet.

Scheint dir also die ganze Idee, da sie doch nur Eine ist, in jedem Einzelnen von dem Vielen zu sein? Oder wie denkst du dir die Sache?

Nun, was hindert daran, Parmenides, so habe die Erwiderung des Sokrates gelautet, daß dem also sei?

Als eine und dieselbe also soll sie in den vielen gesondert von einander Bestehenden zugleich ganz und gar enthalten sein! Wird sie denn nicht so von sich selber gesondert sein?

Das doch wohl nicht, habe Sokrates gemeint, sofern ja doch auch der Tag als einer und derselbe an vielen Orten zugleich und darum doch um nichts mehr von sich selber gesondert ist. Kann denn nicht so auch jede besondere Idee in allen Dingen zugleich diese eine und selbige sein?

Recht niedlich, lieber Sokrates, sei die Antwort des Parmenides gewesen, machst du das Eine zu Demselben an vielen Orten zugleich, denn auf diese Weise könntest du ja auch viele Menschen mit einem Segeltuche bedecken und dann sagen, daß dies Eine ganz über Vielen sei; oder meinst du, daß du es nicht geradeso machst?

Du magst recht haben, habe jener zugegeben.

Und nun sage einmal: Wäre wohl das Segeltuch über jedem ganz, oder vielmehr nur ein Teil desselben über den einen und ein anderer über den anderen?

Das letztere.

Teilbar also, habe Parmenides fortgefahren, lieber Sokrates, wären danach die Ideen selbst; und das, was an ihnen teil hat, hätte nur an einem Teile von ihnen teil, und nicht mehr wäre in jedem Einzelnen die ganze Idee, sondern nur ein Teil von einer jeden. 492

So kommt es allerdings heraus.

Möchtest du nun wohl behaupten, lieber Sokrates, daß uns die einheitliche Idee in Wahrheit teilbar sei? Und wird sie dann noch wirklich Eins sein?

Keineswegs, habe Sokrates geantwortet.

Siehe nämlich zu, habe Parmenides weiter bemerkt, wenn du die Größe selbst teilen willst, und ein jedes von den vielen großen Dingen durch einen kleineren Teil, als die Große selbst groß sein soll, ob damit wohl nicht etwas Sinnloses zutage kommen wird?

Allerdings, habe Sokrates zugegeben.

Und ferner, wenn etwas einen kleinen Teil vom Gleichen an sich erhält, dann soll es dadurch etwas besitzen, wodurch es, obwohl dieses kleiner ist als das Gleiche selbst, irgend etwas gleich ist?

Unmöglich.

Und gesetzt, es habe jemand von uns einen Teil von dem Kleinen, so wird doch das Kleine größer sein als eben dieser Teil, eben weil dieser nur ein Teil von ihm ist, und so wird denn das Kleine selber größer werden, und dasjenige, dem der von dem Kleinen hinweggenommene Teil hinzugefügt wird, soll durch denselben kleiner werden und nicht größer als zuvor.

Auch das dürfte unmöglich sein, habe Sokrates eingeräumt.

Auf welche Weise also, lieber Sokrates, habe nun Parmenides gesprochen, soll am den Ideen nach deiner Meinung das andere teil haben, wenn es doch weder an Teilen noch auch an dem Ganzen derselben teil zu haben vermag?

Ja, beim Zeus, habe jener erwidert, es scheint mir keineswegs leicht, hierüber etwas Bestimmtes festzusetzen.

Und wie nun, was meinst du zu Folgendem?

Nun?

Ich denke, daß du aus folgendem Gründe annimmst, jede Idee sei eine Einheit: Sobald dir vielerlei Dinge groß zu sein scheinen, so dünkt es mir doch wohl, wenn du sie im ganzen überblickst, in allen eine und dieselbe Form zu sein, und deshalb nimmst du an, das Große sei nur Eines.

Du hast ganz recht, habe Sokrates versetzt.

Wie aber ist es nun mit der Größe an sich und mit den anderen großen Dingen? Wenn du beide wiederum ebenso mit dem Auge des Geistes überblickst, wird es dir da nicht so vorkommen müssen, als gebe es andererseits ein drittes Großes, durch welches diese beiden als groß erscheinen?

So scheint es.

Noch eine andere Idee der Größe wird also auf diese Weise zum Vorschein kommen, neben dieser Größe an sich und den großen Dingen, die an ihr teil haben, und über diesen noch wieder eine andere, durch welche dies alles groß ist: indes wird dir auf diese Weise eine jede von den Ideen nicht mehr eine einzige sein, sondern unermeßlich an Vielheit.

Aber, lieber Parmenides, habe Sokrates eingewandt, ob nicht etwa jede von diesen Ideen eben nur ein Gedanke ist und ihr eben als solchem nirgends anders zu sein zukommt als in der Seele? Denn auf diese Weise bliebe eine jede eine Einheit und erlitte nicht mehr das, was sich eben herausstellte.

Aber wie? habe dagegen Parmenides bemerkt; wäre nun jeder von diesen Gedanken Eins, aber dabei ein Gedanke von Nichts?

Das ist unmöglich, habe der andere entgegnet.

Sondern vielmehr von Etwas?

Ja.

Und zwar von etwas Seiendem oder von etwas Nichtseiendem?

Das erstere.

Und zwar von einem gewissen Einen, welches jener Gedanke als in allen jenen Dingen befindlich bemerkt, als eine und dieselbe Gestaltung? Nicht wahr?

Ja.

Und ferner die Idee selber wird eben dies sein, was so vom Gedanken als Eins erkannt wird, indem es immer dasselbe in allen jenen Dingen ist. Nicht wahr?

Das scheint wiederum notwendig.

Und wie nun? habe Parmenides weiter bemerkt; wenn du doch behauptest, daß alles Andere an den Ideen teil habe, mußt du da nicht notwendig annehmen, entweder daß ein jegliches von diesem anderen mit Gedanken begabt sei und daß so alles denke, oder aber daß es Gedanken in sich tragen könne, ohne doch zu denken?

Nein freilich, habe Sokrates zugegeben, auch das hat keinen Sinn. Aber, lieber Parmenides, eigentlich scheint es sich mir damit so zu verhalten: diese Ideen stehen gleichsam als die Musterbilder im Bereiche des Daseins da, alles andere aber ist ihnen ähnlich und als ihre Abbilder anzusehen, und jene Teilnahme desselben an den Ideen ist keine andere als eben die, daß es ihnen nachgebildet ist.

Wenn nun, habe Parmenides entgegnet, etwas der Idee ähnlich ist, ist es da wohl möglich, daß nicht auch diese letztere jenem ihr Nachgebildeten insoweit ähnelt, als jenes ihr ähnlich gemacht worden ist? Oder gibt es irgend ein Mittel, um zu bewirken, daß etwas demjenigen ähnlich sein könne, welches nicht selbst wieder ihm ähnlich ist?

Nein.

Muß also nicht ganz notwendigerweise auf diese Art das Ähnliche mit dem Ähnlichen an einer und derselben gemeinsamen Idee teil haben?

Jawohl.

Nun war aber doch wohl das, woran das Ähnliche teil haben muß, um eben ähnlich zu sein, eben nichts anderes als die Idee selber?

Allerdings.

Allein nun ist es sonach ganz unmöglich, daß etwas der Idee ähnlich sei und die Idee etwas anderem: denn sonst wird stets neben der Idee noch wieder eine andere Idee zum Vorschein kommen und, wenn diese irgend etwas ähnlich ist, abermals eine andere. Und so wird unaufhörlich immer wieder eine neue Idee hervortreten, wenn die Idee demjenigen, was an ihr teil hat, ähnlich ist.

Du hast ganz recht.

Also auch nicht durch Ähnlichkeit nimmt alles andere an den Ideen teil, sondern man muß nach einer anderen Art und Weise suchen, wie es an ihnen teilnimmt.

So scheint es.

Siehst du also, Sokrates, habe Parmenides gesagt, wie groß die Schwierigkeit ist, wenn jemand Ideen als gesonderte an und für sich seiende Wesenheiten aufstellt?

Ja freilich.

495 Wisse denn, habe er fortgefahren, daß du, um es geradeherauszusagen, die ganze Schwierigkeit noch nicht einmal ahnst, die damit verbunden ist, wenn du jedesmal eine Idee von den betreffenden Dingen absondern und als eine in sich geschlossene Einheit aufstellen willst.

Wieso denn? habe Sokrates gefragt.

Es lassen sich noch viele Bedenken hiergegen geltend machen, habe jener versetzt; das größte aber ist folgendes: Wenn jemand behauptete, daß den Ideen nicht einmal die Erkennbarkeit zukomme, falls sie diejenige Beschaffenheit an sich trügen, welche wir für ihnen notwendig beiwohnend erklärten, so würde man diese Behauptung nicht als unrichtig zu erweisen vermögen, es sei denn, daß der Widersacher ein vielseitig durchgebildeter und wohlerfahrener Mann und nicht ohne hohe Gaben wäre und sich demzufolge geneigt zeigte, einer gar umfänglichen und weit ausholenden Auseinandersetzung zu folgen. Auf jede andere Weise möchte derjenige, welcher behauptet, daß die Ideen notwendig unerkennbar seien, vom Gegenteil nicht zu überzeugen sein.

Warum denn, Parmenides? habe Sokrates gefragt.

Weil ich glaube, Sokrates, daß du und jeder andere, der einer jeden von ihnen ein an und für sich bestehendes Sein zuschreibt, zuvörderst dies zugeben muß, daß keine dieser Wesenheiten sich in und bei uns befinde.

Gewiß, denn wie könnte sonst jede an und für sich sein? habe Sokrates geantwortet.

Wohl gesprochen! habe hierauf jener bemerkt. Ferner aber haben auch diejenigen Ideen, die nur in Wechselbeziehung auf einander dasjenige sind, was sie sind, dieses ihr Wesen lediglich unter sich, und nicht in Beziehung auf diese Abbilder hier bei uns oder wofür man sie sonst erklären will, von demjenigen, welches, je nach dem Anteile, den wir an ihm haben, uns unsere jedesmaligen Benennungen verleiht; und ebenso stehen diese ihnen gleichnamigen Gegenstände hier bei uns lediglich in Beziehung unter sich und nicht auf die Ideen, und gehören einander und nicht Jenen an, die ihrerseits auch mit ihnen den gleichen Namen führen.

Wie meinst das das? habe Sokrates gefragt.

Wenn z.B., habe Parmenides geantwortet, hier unter uns jemand der Herr oder der Sklave eines andern ist, so ist er doch wohl nicht 496 der Sklave des Herrn an sich, der das wahrhafte Wesen alles Herrentums in sich faßt, noch der Herr des Sklaven an sich, der das wahre Wesen des Sklaventums in sich schließt: sondern beides, Herr wie Sklave, ist er als Mensch in bezug auf einen anderen Menschen; und ebenso ist andererseits das Herrentum an sich dasjenige, was es ist, in Beziehung auf das Sklaventum an sich, und desgleichen das Sklaventum ist Sklaventum am sich in Rücksicht auf das Herrentum an sich; und nicht üben die hier bei uns bestehenden Verhältnisse in Beziehung auf die unter den Ideen bestehenden noch die letzteren in Beziehung auf die ersteren ihre Wirksamkeit aussondern, wie gesagt, die Ideen sind rein an und für sich und stehen nur unter sich in Verhältnis, und hier mit den Dingen bei uns geht es ebenso. Oder verstehst du nicht, was ich meine?

Jawohl, habe Sokrates erwidert, ich verstehe es durchaus.

Wird demnach, habe Parmenides fortgefahren, nicht die Erkenntnis an sich, die das wahre Wesen alles Erkennens in sich faßt, Erkenntnis derjenigen Wahrheit und Wirklichkeit, die eigentlich so zu heißen verdient, der Wahrheit und Wirklichkeit an sich sein?

Allerdings.

Und jede Sondererkenntnis, die wahrhaft so zu heißen verdient, wird demnach Erkenntnis eines besonderen von den. wahrhaft wirklichen Gegenständen sein: nicht wahr?

Ja.

Unsere menschliche Erkenntnis aber, muß sich die nicht hiernach lediglich auf diese unsere Wahrheit und Wirklichkeit beziehen und ferner jede unserer Sondererkenntnisse lediglich, die Erkenntnis von irgend einem besonderen unter den Dingen. unserer Welt sein?

Notwendigerweise.

Nun aber gehörten doch die Ideen selbst, wie du zugegeben; hast, nicht zu unsern Besitztümern, und es ist unmöglich, daß sie sich hier bei uns und unter den Dingen unserer Welt befinden.

So ist es.

Erkannt aber werden von der an sich seienden Idee der Erkenntnis alle die an sich seienden Gattungen des Seins jede nach ihrer Beson-

derheit?

Ja.

Diese Idee aber besitzen wir nicht.

Nein.

Folglich wird von uns keine der Ideen erkannt, eben weil die Erkenntnis an sich uns nicht zuteil geworden ist.

So scheint es.

Unerkennbar also ist uns das wahre Wesen des Schönen an sich und des Guten und überhaupt alles dasjenige, was wir als an sich seiende Ideen annehmen.

So scheint es.

Und nun erwäge auch folgendes, was noch schlimmer ist!

Nun?

Wirst du behaupten oder nicht, wenn anders es eine rein an sich seiende Idee der Erkenntnis gibt, daß diese viel genauer als unsere Erkenntnis ist, und wird nicht jene Art von Schönheit weit vollkommener sein als die, welche sich unter uns findet, und wird es nicht mit allem anderen ebenso stehen?

Ja.

Wirst du also nicht, wofern überhaupt irgend etwas der Erkenntnis an sich teilhaftig ist, niemandem sonst als Gott selber diese allergenaueste und allervollkommenste Erkenntnis zuschreiben?

Notwendigerweise.

Wird nun aber andererseits Gott vermögen, die Dinge hier bei uns zu erkennen, wenn er die Erkenntnis an sich besitzt?

Warum denn nicht?

Weil, habe Parmenides versetzt, wir dahin übereingekommen sind, lieber Sokrates, daß weder die Ideen in Beziehung auf die Dinge hier bei uns die ihnen eigentümliche Wirksamkeit ausüben, noch die letzteren in Beziehung auf jene, sondern jeder von beiden Teilen lediglich unter sich.

Ja freilich, das sind wir übereingekommen.

Wenn also bei Gott die an sich seiende allervollkommenste Herrschaft und die an sich seiende allervollkommenste Erkenntnis ist, so wird weder diese lediglich über jene Wesenheiten sich erstreckende Herrschaft jemals uns beherrschen können, noch diese Erkenntnis uns erkennen oder irgend ein anderes von den Dingen unserer Welt; sondern in gleicher Weise wie wir vermöge der Herrschaft hier bei uns jene nicht zu beherrschen und von dem Göttlichen nichts mit unserer Erkenntnis zu erkennen vermögen, sind andererseits jene aus dem gleichen Grunde auch nicht Herrn über uns, und als Götter vermögen sie nichts von den menschlichen Dingen und Angelegenheiten zu erkennen.

Aber, habe Sokrates bemerkt, das wäre doch wohl eine gar zu wunderliche Behauptung, wenn man die Gottheit des Wissens berauben wollte.

Gleichwohl, Sokrates, habe Parmenides entgegnet, muß dies und dazu noch gar vieles andere notwendig von den Ideen gelten, wenn solche Ideen der Dinge wirklich vorhanden sein sollen und man jede derselben als etwas für sich Bestehendes von den Dingen absondert, so daß jeder, der dies vernimmt, bedenklich und entweder dazu gebracht wird, zu bestreiten, daß es solche Wesenheiten gibt, oder aber doch anzunehmen, falls sie ja vorhanden wären, daß sie doch ganz notwendig für die menschliche Natur unerkennbar sein würden, und damit wirklich etwas vorbringt, was Erwägung verdient und, wie vorhin bemerkt, ganz gewaltig schwer zu widerlegen ist, so daß es eines gar hoch begabten Mannes dazu bedarf, um es sich begreiflich machen zu lassen, wie es wirklich eine Idee von jeglichem geben könne und eine an und für sich bestehende Wesenheit, und eines noch bewundernswerteren Mannes, um dies selber auffinden und einem andern in gehöriger Auseinandersetzung alles, was dahin gehört, begreiflich machen zu können.

Ich stimme dir bei, Parmenides, habe da Sokrates gesagt, du sprichst ganz nach meinem Sinne.

Aber dennoch, habe Parmenides fortgefahren, wenn man andererseits wiederum keine Ideen der Dinge zulassen will, in Berücksichtigung aller der eben gegen diese Annahme erhobenen und noch vieler anderer ähnlichen Schwierigkeiten, und nicht für jede besondere Klasse der Dinge auch eine besondere Idee festsetzen will, so wird man keinen Gegenstand mehr haben, auf den man sein Nachdenken richten kann, indem man ja damit für eine jede Klasse der Dinge ihre gemeinsame, sich immer gleichbleibende Gestaltung aufhebt. Und so wird man denn auf diese Weise alles Vermögen zu wissenschaftlicher Untersuchung
vollständig zerstören. Und so etwas ähnliches scheint auch dir bei ihrer Annahme hauptsächlich vorgeschwebt zu haben.

Da hast recht, habe Sokrates erwidert.

Was denkst du also zu tun in betreff der Philosophie? Wohin willst du dich wenden, wenn dir diese Frage ungelöst bleibt?

Ja, ich vermag das zur Zeit noch nicht recht abzusehen.

Nun, Sokrates, habe ihm Parmenides zugeredet, du unternimmst es nur eben allzufrüh, bevor du noch die nötige Vorübung betrieben, zu bestimmen, was das Wesen des Schönen und Gerechten und Guten sei und was man sich unter einer jeden einzelnen Idee zu denken habe. Ich habe das schon neulich bemerkt, als ich dich hier mit dem Aristoteles da dich unterreden hörte. Rühmlich und göttlicher Art, dessen sei gewiß, ist nun allerdings der glühende Eifer, mit welchem du den wissenschaftlichen Untersuchungen nachgehst; aber du mußt dir noch erst die gehörige Spannkraft geben und dich erst weit mehr üben vermöge jener insgemein für unnütz geltenden und von den meisten als leeres Geschwätz bezeichneten Geistestätigkeit, solange du noch jung bist: denn sonst wird die Wahrheit dir doch entgehen.

Und welches ist denn die Art und Weise, habe Sokrates gefragt, lieber Parmenides, sich zu üben?

Eben die, sei die Antwort gewesen, welche du von Zenon gehört hast. Doch hat mich das an dir erfreut, daß du wiederum gegen diesen auftratest und ihm erklärtest, wie du nicht sowohl gesonnen seiest, an den Sinnendingen und in bezug auf diese den Kreuz- und Querzügen der Forschung nachzugehen als vielmehr in bezug auf dasjenige, was man vor allem nur mit der Vernunft zu erfassen vermöge und als Ideen zu bezeichnen habe.

Ja freilich, habe Sokrates erwidert, scheint es mir auf die erstere Weise gar nicht schwer nachzuweisen, daß den Gegenständen Ähnlichkeit und Unähnlichkeit zugleich und alles mögliche sonst zukomme.

Darin hast du auch ganz recht, habe jener erklärt. Du mußt nur außerdem auch noch so verfahren, daß du dabei nicht bloß von der Voraussetzung »wenn etwas *ist*« ausgehst und so die aus ihr sich ergebenden Folgerungen in Betracht ziehst; sondern du mußt ebensogut auch die entgegengesetzte Voraussetzung »wenn eben dieses etwas *nicht ist*« zugrunde legen, wofern du besser dich üben willst.

Wie meinst du das? habe da jener gefragt.

Wenn du willst z.B., habe die Antwort gelautet, in bezug auf die Voraussetzung, die Zenon zugrunde gelegt hat, »wenn Vieles ist«, mußt du untersuchen, was sich aus ihr notwendig ergibt sowohl für das Viele in Beziehung auf sich selbst sowie in Beziehung auf das Eine als auch für das Eins in Beziehung auf sich selbst sowie auf das Viele, und dann wiederum untersuchen, »wenn nun aber Vieles nicht ist«, was sich daraus ergeben wird sowohl für das Eine als auch für das Viele sowohl an sich genommen als in Beziehung aufeinander. Und ebenso wieder, falls du die Voraussetzung zugrunde legst, »ob es eine Ähnlichkeit gibt oder nicht gibt«, mußt du prüfen, was aus jeder von beiden Annahmen folgen wird sowohl für das Angenommene selbst als auch für sein Gegenteil, sowohl an sich als auch in Beziehung aufeinander. Und dieselbe Regel gilt in betreff des Unähnlichen und der Bewegung und Ruhe und des Entstehens und Vergehens und des Seins selber und des Nichtseins. Mit *einem* Wort, in bezug auf jeden Gegenstand, in betreff dessen du immer voraussetzen willst, daß er sei oder nicht sei oder irgend etwas anderes erleide, mußt du stets in Betracht ziehen, was sich aus der einen wie aus der andern Voraussetzung ergibt, in Beziehung auf das Vorausgesetzte selbst und in Beziehung auf jedes einzelne andere, was du immer herausheben willst, und auf mehreres von denselben und auf alles insgesamt ebenso, und auch was sich für alles andere ergibt sowohl in Beziehung auf sich selber als auf jenes erstere, was immer du dir dazu gewählt hast, und magst du als seiend eben jenes nämliche, was du der ganzen Voraussetzung zugrunde legtest, vorausgesetzt haben oder als nicht seiend. So mußt du verfahren, wenn du vollkommen geübt die Wahrheit gründlich durchschauen willst.

Eine unsäglich schwere Aufgabe, Parmenides, habe Sokrates gesprochen, legst du mir da auf, und noch fasse ich sie nicht recht. Wie wäre es also, wenn du mir in dieser Weise selber irgend eine Voraussetzung durchführtest, damit ich die Sache besser begreife?

Eine mühselige Arbeit, habe Parmenides versetzt, lieber Sokrates, verlangst du da von mir, und das noch dazu in meinen Jahren.

Nun aber du, Zenon, so habe sich Sokrates jetzt an diesen gewandt, so gib du mir ein solches Beispiel!

Zenon aber, erzählte Pythodoros, habe lachend erwidert: Nein, Sokrates, bitten wir nur den Parmenides selbst: denn es ist wirklich nichts Geringes, was er uns da beschrieben hat, – oder siehst du wirklich nicht, was für ein Großes es ist, was du da verlangst! Wären wir nun freilich hier in größerer Anzahl, so würde es sich nicht schicken, mit Bitten in ihn zu dringen: denn es ist unpassend, dergleichen vor vielen abzuhandeln, zumal für einen so hochbejahrten Mann. Denn die meisten begreifen es nicht, daß es unmöglich ist, ohne solche Kreuz- und Querzüge durch das ganze Gebiet der Möglichkeiten die Wahrheit zu treffen und zur richtigen Einsicht zu gelangen; so aber, mein Parmenides, vereinige ich meine Bitten mit denen des Sokrates, damit auch ich nach so langer Zeit dich einmal wieder höre.

Als nun Zenon so gesprochen, da habe Pythodoros, wie mir Antiphon nach seiner Mitteilung erzählte, gleichfalls den Parmenides gebeten, und nicht minder hätten es auch Aristoteles und alle anderen getan, ihnen eine Probe davon zu geben, wie er es meine, und ihnen dies doch ja nicht abzuschlagen.

Da habe nun Parmenides erwidert: So muß ich euch denn wohl nachgeben, wiewohl ich fürchte, daß es mir ebenso ergehen wird wie dem Rosse bei Ibykos, das zwar wohlgeübt im Wettkampfe, aber doch schon etwas bei Jahren, wenn es das Wagenrennen noch einmal bestehen soll, eben vermöge seiner Erfahrung vor dem Erfolge zittert, und dem er sich selbst vergleicht, indem er singt, daß ebenso auch er, so alt schon, wider seinen Willen gezwungen werde, von neuem die Rennbahn der Liebe zu betreten. Dessen eingedenk glaube auch ich wohl Grund zu der Furcht zu haben, wie ich in meinem Alter einen solchen und so gewaltigen Wogenschwall der Erörterungen durch-schwimmen soll; aber dennoch sei es drum! Ich muß euch euren Willen tun, sind wir ja doch auch, wie schon Zenon bemerkt hat, hier unter uns. – Womit also wollen wir beginnen, und welche Vorausset-zung zuerst zugrunde legen? Oder ist es euch recht, wenn ich denn doch dies mühevolle Spiel durchführen soll, daß ich mit mir selbst 502 und mit meiner eigenen Voraussetzung beginne, indem ich das Eins selbst zugrunde lege und so untersuche: wenn das Eins ist und wenn das Eins nicht ist, was ergibt sich notwendig daraus?

Jawohl, habe Zenon erwidert.

Wer will mir denn antworten? habe Parmenides gefragt: doch wohl der Jüngste? Denn der wird am wenigsten Umschweife machen und am ehesten so antworten, wie er denkt; zugleich aber würden mir seine Antworten jedesmal einen Ruhepunkt gestatten.

Ich bin bereit dazu, Parmenides, habe da Aristoteles gesagt, denn wenn du den Jüngsten nennst, so nennst du damit mich. Frage mich also und sei meiner Antworten gewärtig!

Wohlan, habe jetzt Parmenides begonnen, wenn Eins ist, so kann doch wohl das Eins nicht Vieles sein?

Wie sollte es?

Dann aber darf es auch weder Teile desselben geben noch darf es selber ein Ganzes sein.

Warum nicht?

Der Teil ist doch wohl ein Teil vom Ganzen?

Ja.

Und was ist das Ganze? Wird nicht dasjenige, dem kein Teil abgeht, ein Ganzes sein?

Allerdings.

In beiden Fällen also würde das Eins aus Teilen bestehen: wenn es ein Ganzes wäre und wenn es Teile hätte.

Notwendigerweise.

In beiden Fällen würde also das Eins dergestalt Vieles sein und nicht Eins?

Das ist wahr.

Es soll aber doch eben nicht Vieles, sondern Eins sein?

Das soll es.

Es darf also weder ein Ganzes sein noch Teile haben, wenn anders das Eins wirklich Eins sein soll.

Nein.

503 Wenn es aber keine Teile hat, so hat es auch nicht Anfang noch Ende noch Mitte: denn dies wären ja eben schon Teile desselben.

Richtig.

Nun sind aber Anfang und Ende die Grenze eines jeden.

Wie anders?

Unbegrenzt ist also das Eins, wenn es weder Anfang noch Ende hat.

Allerdings.

Und dann auch ohne Gestalt, denn weder am Geraden noch am Runden kann es demnach teil haben.

Warum nicht?

Rund ist doch wohl dasjenige, dessen Enden von der Mitte überall gleich weit abstehen?

Ja.

Und gerade ist doch wohl das, dessen Mitte die beiden Enden deckt?

So ist es.

Also würde das Eins Teile haben und mithin Vieles sein, wenn es an der geraden oder an der runden Gestalt teil hätte?

Jawohl.

Es hat nun aber keine Teile, und mithin ist es weder gerade noch rund.

Richtig.

Und wenn es so beschaffen ist, so kann es nirgends sein; denn weder daß es in einem anderen noch daß es in sich selber sei, ist dann möglich.

Warum denn?

Wenn es in einem anderen wäre, so würde es rund umher von demselben eingeschlossen sein und dasselbe vielfach und an vielen Orten berühren; da nun aber das Eins sowohl ohne Teile ist als auch am Runden keinen Anteil hat, so kann es unmöglich rund umher an vielen Stellen berührt werden.

Unmöglich.

Wenn es aber in sich selber wäre, so müßte es sich selber und nicht ein anderes es umschließen, denn daß etwas in etwas wäre, was es nicht umgibt, ist unmöglich.

Unmöglich.

Nun muß aber doch wohl ein anderes das es Umschließende und ein anderes das von ihm Umschlossene sein: denn unmöglich kann dasselbe als Ganzes beides zugleich leiden und tun; und so wäre denn das Eins nicht mehr Eins, sondern Zwei.

504

Freilich.

Es ist also das Eins nirgends, indem es sich weder in sich selbst befindet noch in etwas anderem.

So ist es.

Siehe denn nun zu, ob ihm, wenn es also mit ihm steht, möglich ist zu ruhen oder sich zu bewegen.

Warum sollte es denn nicht?

Weil es, wenn es sich bewegte, entweder im Räume fortgetrieben werden oder sich verwandeln müßte: denn nur diese beiden Arten von Bewegung gibt es.

Ja, in der Tat.

Wenn nun aber das Eins sich verwandelte, so wäre es ja eben nicht mehr das Eins, sondern ein Anderes.

So ist es.

Seitens der Verwandlung also zunächst bewegt es sich nicht.

Offenbar nicht.

Aber etwa seitens des Fortgetriebenwerdens im Raume?

Vielleicht.

Sollte nun dem Eins dies begegnen, so müßte es doch entweder in demselben Raume im Kreise umgetrieben werden, oder es müßte seinen Ort Verändern.

Notwendigerweise.

Was im Kreise umgetrieben wird, muß doch notwendig in seiner Mitte ruhen und außerdem alles dasjenige, was sich um diese Mitte herumbewegt, noch als andere Teile in sich haben. Wie soll dagegen dasjenige, dem weder Mitte noch Teile zukommen, je dahin gebracht werden, sich im Kreise um seine Mitte zu drehen?

Auf keine Weise.

Soll aber das Eins sich durch Ortswechsel bewegen, dann ist es notwendig zu verschiedenen Zeiten an verschiedenen Orten.

Ja, wenn es sich überhaupt bewegen soll, so ist es nur so noch denkbar.

Hat es sich nun aber nicht als unmöglich gezeigt, daß das Eins irgendwo sei?

Ja.

Und wird es nicht also noch viel unmöglicher sein, daß es irgendwohin komme?

Ich begreife nicht, inwiefern.

Nun, wenn etwas an irgend einen Ort kommt, ist es da nicht notwendig einerseits, daß es sich noch nicht innerhalb desselben befindet, weil es ja erst in ihn hineinkommt, andererseits aber auch nicht mehr ganz außerhalb desselben, weil es ja eben schon in ihn hineinkommt?

Ja.

Wenn nun dies überhaupt irgend einem Gegenstande widerfahren soll, so kann es doch demjenigen allein widerfahren, welcher Teile hat. Denn nur von diesem kann zugleich etwas innerhalb eines Ortes und etwas außerhalb desselben sein; was aber keine Teile hat, wird wohl auf keine Weise vermögen, ganz zugleich sowohl innerhalb als außerhalb eines Ortes zu sein.

Richtig.

Und das vollends, was weder Teile hat noch auch ein Ganzes ist, wird noch weit weniger dazu imstande sein, in irgend einen Ort hineinzukommen, da es eben weder teilweise noch ganz in ihn eintreten kann?

Offenbar.

Weder vermag also das Eins irgendwohin zu kommen noch in irgend einen Raum einzudringen und mithin seinen Ort zu verändern, noch auch sich in demselben Räume herumzubewegen, noch endlich sich zu verwandeln.

So scheint es.

Unbeweglich also ist es hinsichtlich jeder Art von Bewegung, die es gibt.

So ist es.

Aber auch das haben wir für unmöglich erklärt, daß es sich in irgend etwas befinde.

Das haben wir.

Dann befindet es sich aber auch nie in Einem und Demselben.

Warum das?

Weil es ja dann doch *in* demjenigen wäre, in welchem es sich als in demselben befände.

Jawohl.

Aber es kann weder in sich selbst noch in etwas anderem, wie wir sahen, sein.

Allerdings nicht.

Niemals befindet also das Eins sich in Einem und Demselben und also nicht innerhalb desselben Raumes.

So scheint es.

Was aber sich niemals innerhalb desselben Raumes befindet, das ruht auch nicht noch steht es stille.

Nein, das ist unmöglich.

Folglich ist das Eins weder ruhend noch bewegt.

Das ist offenbar.

Aber es wird auch nicht einerlei sein weder mit einem anderen noch mit sich selbst, ebensowenig aber auch verschieden weder von sich selbst noch von etwas anderem.

Wieso das?

Wäre es verschieden von sich selbst, so wäre es eben verschieden vom Eins und folglich nicht mehr Eins.

Richtig.

Und wäre es einerlei mit einem anderen, so wäre es eben damit dieses andere und nicht mehr es selbst, es wäre also so nicht mehr dasjenige, was es ist, Eins, sondern verschieden vom Eins.

Unleugbar.

Einerlei also mit etwas anderem oder verschieden von sich selbst kann es nicht sein.

Unmöglich.

Es wird aber auch nicht verschieden von einem anderen sein, solange es Eins ist: denn nicht dem Eins kommt es zu, verschieden von etwas zu sein, sondern allein dem Verschiedenen und nichts anderem.

Richtig.

Inwiefern es also Eins ist, kann es nicht verschieden sein, oder meinst du?

Nicht doch.

Wenn aber nicht insofern, dann auch nicht, inwiefern es *Esselbst* ist; wenn aber nicht, inwiefern es Esselbst ist, dann auch selbst nicht; wenn es aber selbst in keiner Weise verschieden ist, so wird es auch; von nichts verschieden sein.

Richtig.

Aber es wird auch nicht einerlei mit sich selbst sein.

Wie sollte es denn nicht?

Nun, es ist die Natur des Eins doch wohl nicht ganz dieselbe wie die des Einerlei?

507 Warum nicht?

Weil ja nicht, wenn etwas einerlei mit etwas wird, es dadurch auch Eins wird.

Ist das denn nicht der Fall?

Nein; denn wenn es einerlei mit dem Vielen wird, so muß es ganz notwendigerweise dadurch Vieles werden und nicht Eins.

Richtig.

Wenn aber das Eins und das Einerlei gar nicht verschieden sein sollten, so müßte, sooft etwas einerlei wird, es damit auch Eins werden, und sooft Eins, auch einerlei.

Allerdings.

Mithin könnte das Eins, wenn es einerlei mit sich selbst sein sollte, nicht Eins mit sich selbst sein, und so wäre es denn als Eins zugleich nicht Eins.

Das ist nun freilich unmöglich.

Unmöglich ist es also für das Eins auch, verschieden von etwas anderem und einerlei mit sich selbst zu sein.

Unmöglich.

Und so ist denn das Eins weder verschieden von sich wie von etwas anderem noch auch einerlei mit sich wie mit etwas anderem.

So ist es.

Und auch ebenso wenig ähnlich als unähnlich ist es mit etwas, mit sich selbst so wenig wie mit etwas anderem.

Wieso?

Weil nur dasjenige mit etwas ähnlich ist, welchem nach irgend einer Seite hin Einerleiheit mit demselben zuteil geworden ist.

In der Tat.

Nun aber zeigte sich uns doch vom Eins als gesondert ihrer Natur nach die Einerleiheit und als etwas anderes als das Eins.

So zeigte es sich uns allerdings.

Wenn nun aber dem Eins noch irgend etwas anderes außer dem Eins zuteil geworden wäre, so wäre ihm zuteil geworden, mehr zu sein als Eins: das ist aber unmöglich.

In der Tat.

Folglich kann die Einerleiheit in keiner Weise dem Eins zuteil werden weder mit etwas anderem noch mit sich selbst.

Offenbar nicht.

508

Und auch ähnlich kann es mithin nicht sein, weder mit etwas anderem noch mit sich selbst.

So scheint es.

Aber auch der Verschiedenheit kann das Sein niemals teilhaftig werden; denn auch so würde es dessen teilhaftig werden, mehr zu sein als Eins.

Jawohl.

Dasjenige aber, welchem eine Verschiedenheit zuteil geworden ist, entweder von sich selbst oder von etwas anderem, wird dadurch unähnlich sein sei es sich selbst oder etwas anderem, wenn anders doch dasjenige, welchem die Einerleiheit zuteil geworden, eben dadurch ähnlich ist.

Richtig.

Das Eins also, wie es scheint, da es eben in keiner Weise der Verschiedenheit teilhaftig werden kann, ist auch in keiner Weise unähnlich weder sich selbst noch etwas anderem?

Nein.

Weder ähnlich noch unähnlich sei es mit einem andern, sei es mit sich selbst ist sonach das Eins.

Offenbar.

Und zufolge dieser seiner ganzen Beschaffenheit wird es ferner auch weder gleich noch ungleich sein weder mit sich selbst noch mit etwas anderem.

Wieso?

Nun, etwas, was gleich ist mit etwas, hat doch wohl dieselben Maße wie dasjenige, mit welchem es gleich ist?

Ja.

Und wenn etwas größer oder kleiner ist als etwas, so wird es doch wohl mehr Maßeinheiten haben als das Kleinere und weniger als das Größere, wenn man diese Maßeinheiten von demjenigen hernimmt, mit welchem es gleiche Maße hat.

Ja.

Wenn man aber die Maßeinheiten von demjenigen hernimmt, mit welchem es nicht von gleichen Maßen ist, dann wird es kleinere als das Größere und größere als das Kleinere haben.

Wie anders?

Ist es nun aber nicht unmöglich, daß dasjenige, welches überhaupt keinen teil hat an dem Einerlei, einerlei Maße oder was du irgend sonst willst habe?

Unmöglich.

Dann kann es aber auch weder mit sich selbst noch mit etwas anderem gleich sein, wenn es doch eben nicht von einerlei Maßen ist.

Offenbar.

Und wenn es mehr oder weniger Maßeinheiten hat, wird es dann nicht, wieviel Maßeinheiten, so viel auch Teile haben, und so eben wiederum nicht mehr Eins sein, sondern so Vieles, als es eben Maßeinheiten hat.

Richtig.

Wenn es aber nur *eines* Maßes wäre, so wäre es eben damit dem Maße gleich; das aber hat sich schon als unmöglich gezeigt, daß es irgend etwas gleich sei.

So ist es.

Da es also weder *eines* Maßes noch vieler noch weniger Maße, da es überhaupt des Einerlei unteilhaftig ist, so wird es, wie es scheint, niemals weder sich selber noch etwas anderem gleich und ebensowenig größer oder kleiner als es selbst oder als ein anderes sein.

Ganz und gar verhält es sich so.

Und ferner: Scheint dir das Eins älter oder jünger als etwas oder von einerlei Alter mit etwas sein zu können?

Warum denn nicht?

Weil es, wenn es etwa einerlei Alter sei es mit sich selbst, sei es mit einem andern haben sollte, eben damit auch Anteil empfangen würde an der Gleichheit oder Ähnlichkeit der Zeit nach, während wir doch eben ausgemacht haben, daß es schlechthin aller Ähnlichkeit und Gleichheit unteilhaftig sei.

Allerdings haben wir das ausgemacht.

Ebensogut haben wir aber auch andererseits ausgemacht, daß es auch aller Unähnlichkeit und Ungleichheit unteilhaftig sei.

Jawohl.

Wie sollte nun aber etwas älter oder jünger sein können als etwas oder einerlei Alter mit ihm haben, falls es so mit jenem bestellt ist?

In keiner Weise.

Also auch nicht jünger oder älter oder von einerlei Alter dürfte das Eins sein, weder in Vergleich zu sich selbst noch zu etwas anderem. 510

Offenbar nicht.

Dann aber ist es doch wohl notwendig auch gar nicht in der Zeit, wenn es so mit ihm steht; oder muß nicht schlechterdings, wenn etwas in der Zeit ist, dieses mit der Zeit auch immer älter werden, als es zuvor war, und mithin älter als es selbst?

Ja, schlechterdings.

Nun aber ist das ältere doch stets älter als ein Jüngeres?

Wie anders?

Was also irgendwie älter wird als es selbst, wird eben damit zugleich auch jünger als es selbst, wenn anders es doch etwas haben muß, im Vergleiche zu dem es älter wird.

Wie meinst du das?

So: Etwas, was von etwas anderem schon verschieden *ist*, braucht von diesem nicht erst verschieden zu *werden*; vielmehr muß es von dem, von welchem es schon verschieden *ist*, auch schon verschieden sein, und von dem, von welchem es dies *geworden ist*, es eben *geworden sein*, und von dem, von welchem es dies erst in *Zukunft sein wird*, es auch erst in Zukunft sein, von demjenigen aber, von welchem es dies gerade *wird*, kann es weder verschieden *geworden sein* noch *in Zukunft sein* noch schon *gegenwärtig sein*, sondern es eben nur *werden* und sich nicht anders ihm gegenüber verhalten.

Notwendigerweise.

Nun ist aber das Ältere verschieden von dem Jüngeren und von nichts anderem.

So ist es.

Was also älter wird als es selbst, muß notwendig auch jünger werden als es selbst.

So scheint es.

Andererseits kann es aber doch wiederum weder längere noch kürzere Zeit werden als es selbst, sondern muß notwendig immer die gleiche Zeit mit sich selbst (also eben so alt als es selbst) sowohl werden als auch sein und geworden sein und sein werden.

Auch dies ist allerdings notwendig.

Notwendig also, wie es scheint, muß alles, was sich in der Zeit befindet und den zeitlichen Verhältnissen unterworfen ist, eben sowohl einerseits immer mit sich selbst das gleiche Alter haben als auch andererseits zugleich älter und jünger werden als es selbst.

511

So scheint es.

Nun aber hat es sich gezeigt, daß das Eins aller dieser Vorkommenheiten unteilhaftig ist.

So hat sich gezeigt.

Folglich hat es auch keinen Anteil an der Zeit und ist nicht in einer Zeit.

Gewiß nicht, wie die Untersuchung nachweist.

Wie nun? Scheint dir nicht das War und das Wargeworden und das Wurde eine Teilnahme an der einst gewesenen Zeit zu bezeichnen?

Jawohl.

Und ferner das Wirdsein und das Wirdgewordensein und das Wirdwerden an der irgendwie hernachkommenden?

Ja.

Und das Ist und das Istgeworden und das Wird an der jetzt gegenwärtigen?

Allerdings.

Wenn also das Eins in keinem Betracht an irgend einer Zeit teilhat, so war es auch weder jemals *geworden* oder *wurde* oder war jemals noch *ist* es jetzt *geworden* oder *wird* oder *ist* noch *wird* es hernach *werden* oder *geworden sein* oder *sein*.

Sehr wahr.

Kann nun aber wohl irgend etwas am Sein teil haben auf eine andere Weise als auf eine von diesen?

Nein.

In keiner Weise also hat das Eins am Sein teil.

So scheint es.

Auf keine Weise also *ist* das Eins.

Offenbar.

Es ist also nicht einmal in *der* Weise, daß es *Eins* ist, denn dann wäre es immer noch seiend und des Seins teilhaftig. Vielmehr *ist* das Eins weder noch ist es Eins, wenn anders man diesem Schlüsse trauen darf.

So scheint es.

Wenn aber etwas nicht ist, kann da wohl diesem Nichtseienden überhaupt etwas zukommen oder ihm angehören?

Wie wäre das möglich?

Dann aber kommt ihm auch gar kein Name zu und keine Aussage über dasselbe und keine Erkenntnis noch Wahrnehmung noch Vorstellung von ihm.

Offenbar.

Man kann es also weder benennen noch von ihm reden und etwas aussagen noch es sich vorstellen noch es erkennen noch auch etwas, was es an sich hätte, wahrnehmen.

So scheint es.

Ist es nun aber möglich, daß es sich mit dem Eins wirklich so verhalte?

Mir scheint, nein.

Willst du also, daß wir unsere Voraussetzung wieder von vorne aufnehmen und zusehen, ob uns nicht, wenn wir diese von neuem in Betracht ziehen, ganz andere Folgerungen sich aus ihr ergeben werden?

Ja, sehr ist das mein Wunsch.

Also wenn Eins ist, das ist unsere Voraussetzung, und wir sind willens, alles, was sich aus ihr für dies Eins ergibt, wie es auch aussehen möge, zuzugeben; nicht wahr?

Ja.

So betrachte dir die Sache noch einmal wieder von vorne an: Wenn Eins *ist*, ist es da wohl möglich, daß es *ist* und doch keinen Anteil am Sein hat?

Nein.

Also gibt es auch ein Sein des Eins, welches nicht einerlei ist mit dem Eins. Denn sonst wäre es ja nicht das Sein des Eins, und das Eins wäre dann nicht bloß dieses Seins teilhaftig, sondern es wäre gleich, ob man sagte. *Eins ist* oder *Eins Eins*. Nun aber lautet unsere Voraussetzung nicht so: wenn *Eins Eins*, was folgt daraus mit Notwendigkeit? – sondern vielmehr: wenn *Eins ist*; nicht wahr?

Jawohl.

Und somit dahin, daß das *Ist* etwas anderes bezeichnet als das *Eins*?

Notwendigerweise.

Wird also wohl, wenn man sich in der Kürze so ausdrückt: »Eins ist«, der genauere Sinn dieser Rede ein anderer sein als der: »Das Eins hat teil am Sein«?

Nein, kein anderer.

Noch einmal also wollen wir untersuchen, wenn Eins ist, was sich daraus ergeben wird: Gib also acht, ob nicht diese Voraussetzung notwendig das Eins als solches bezeichnet, welches Teile hat?

Inwiefern?

Insofern: Wenn das Ist von dem seienden Eins und das Eins von dem Einsseienden ausgesagt wird, und wenn nun das Sein und das Eins nicht einerlei ist, beides aber einerlei Gegenstand zukommt, nämlich eben dem von uns vorausgesetzten seienden Eins, – muß da nicht notwendig das Ganze dies seiende Eins selber sein und das Eins und das Sein seine Teile werden?

Notwendig.

Werden wir nun jeden dieser beiden Teile bloß Teil nennen, oder muß nicht alles, was Teil ist, auch Teil des Ganzen genannt werden?

Das muß es.

Sowohl ein Ganzes ist demnach, was Eins ist, als auch hat es Teile.

Jawohl.

Und wie nun weiter? Wird nun wohl einer von diesen beiden Teilendes seienden Eins, dem Eins und dem Sein, – wird, sage ich, einerseits das Eins als Teil sich wohl je vom Sein ablösen lassen und andererseits das Seiende als Teil vom Eins?

Unmöglich.

Wiederum also enthält auch jeder dieser beiden Teile das Eins und das Sein in sich, und so entsteht jeder zum mindesten wieder aus zwei Teilen, und ebenso geht es immer weiter fort: jeder Teil des Teils hat immer wieder diese beiden Teile in sich, denn das Eins faßt immer wieder das Sein in sich und das Sein das Eins, so daß es notwendig immer Zwei wird und niemals Eins ist.

Ja, schlechterdings.

Unermeßlich an Menge wird also auf diese Weise das Eins?

So scheint es.

Wohlan nun, betrachte es auch von dieser Seite!

Nun?

Wir behaupten, am Sein habe das Eins teil, eben weil es *ist*?

Ja.

Und eben infolgedessen zeigte sich, daß das Eins Vieles ist.

Jawohl.

Wie nun aber weiter? Wird denn wohl selbst das Eins an sich, von dem wir behaupten, daß es des Seins teilhaftig sei, wenn wir es in unserem Verstände rein für sich nehmen, ohne dasjenige, dessen es nach unterer Behauptung teilhaftig ist, uns bloß als Eins erscheinen oder auch so zugleich als Vieles?

Nun, ich dächte doch als Eins.

Nun, wir wollen zusehen: Etwas anderes und von ihm Verschiedenes muß doch wohl notwendig das Sein desselben sein und etwas Verschiedenes es selbst, wenn anders doch das Eins nicht das Sein ist, sondern nur als Eins am Sein teil hat.

Notwendig.

Wenn nun aber das Sein und das Eins zwei verschiedene Dinge sind, so ist weder das Eins durch das Einssein verschieden vom Sein, noch das Sein dadurch, daß es Sein ist, etwas anderes als das Eins, sondern durch die Verschiedenheit und das Anderssein sind beide verschieden von einander.

Jawohl.

Mithin ist die Verschiedenheit nicht einerlei weder mit dem Sein noch mit dem Eins.

Wie anders?

Wie also? Wenn wir nun von ihnen herausnehmen, was du willst, das Sein und die Verschiedenheit, oder das Sein und das Eins, oder das Eins und die Verschiedenheit, – haben wir nicht in jedem Falle immer herausgenommen, was man mit dem Ausdruck »*die beiden*« zu bezeichnen berechtigt ist?

Wieso?

Höre nur! Kann man sagen »Sein«?

Ja.

Und ebenso wiederum »Eins«?

Ja, gleichfalls.

Und nicht wahr, so hat man jedes von ihnen gesondert genannt?

Freilich.

Wenn ich nun aber sage »Sein und Eins«, nenne ich da nicht beide zusammen?

Jawohl.

Und auch wenn ich sage »Sein und Verschiedenheit«, oder »Verschiedenheit und Eins«, auch in jedem solchen Falle nenne ich durchaus immer beide zusammen und kann mich auch des Ausdrucks »*beide*« bedienen?

Ja.

Alle diejenigen Dinge nun aber, auf welche der Ausdruck »*beide*« paßt, – ist es möglich, daß die nur »*beide*« zu heißen verdienen und nicht auch »*zwei*«?

Nein.

Wo aber zwei Gegenstände sind, ist es da eine Möglichkeit, daß nicht jeder von ihnen Eins sei?

Nein.

Wenn also beide verbunden *zwei* sind, so ist auch jedes Einzelne Eins?

Offenbar.

Wenn aber jedes Einzelne von ihnen Eins ist, wird da nicht, wenn man ein jedes beliebige Eins mit einer beliebigen Zweiheit zusammensetzt, das Ganze zu einer Drei?

Ja.

Drei aber ist ungerade und Zwei gerade?

Wie anders?

Und nun ferner, wenn Zwei sind, muß da nicht notwendig auch ein Zweimal vorhanden sein, und wenn Drei, ein Dreimal, sofern doch eben dem Zwei das Zweimaleins und dem Drei das Dreimaleins zugrunde liegt?

Notwendig.

Wenn aber Zwei und ein Zweimal da sind, müssen dann nicht notwendig auch Zweimalzwei, und wenn Drei und ein Dreimal, so auch Dreimaldrei sein?

Wie anders?

Und ferner, wenn Drei und ein Zweimal, und desgleichen Zwei und ein Dreimal, dann auch Zweimaldrei und Dreimalzwei?

Jawohl.

Also überhaupt Gerades gerademal und Ungerades ungerademal und Gerades ungerademal und Ungerades geradmal?

So ist es.

Wenn sich dies aber so verhält, meinst du da, daß noch irgend eine Zahl übrig bleibe, die nicht notwendig vorhanden sein muß?

516

Keineswegs.

Wenn also Eins *ist*, so muß notwendig auch *Zahl* sein.

Notwendig.

Und wenn Zahl, dann auch Vieles und eine unendliche Menge des Seienden. Oder wird nicht so auch eine unendlich große Zahl des Seins teilhaftig?

Jawohl.

Und wenn jede Zahl des Seins teilhaftig ist, so muß auch jeder Teil der Zahl desselben teilhaftig sein?

Ja.

Unter alles also, was Vieles ist, ist das Sein verteilt, und keinem von allem, was *ist*, ist es ferne, weder vom Kleinsten noch vom Größten. Nicht wahr? Oder ist es nicht töricht, danach auch nur zu fragen? Denn wie sollte das Sein irgend einem von dem, was *ist*, ferne sein?

Auf keine Weise.

Zerstückelt also ist es nach Möglichkeit in das Größte und Kleinste und allerwärts Seiende und ist von allem am meisten geteilt, und es gibt unzählig viele Teile des Seins.

So verhält es sich.

Mehr als alles andere also hat es Teile?

Jawohl.

Und wie nun? Kann sich wohl unter diesen einer befinden, der ein Teil des Seins und doch kein *Teil* ist?

Wie wäre so etwas möglich?

Wofern er aber überhaupt *ist*, denke ich, muß er doch notwendig, solange er *ist*, irgend Eins sein und nicht Keins.

Notwendig.

Jedem einzelnen Teile des Seins haftet also notwendig das Eins an, und weder dem größten noch dem kleinsten noch sonst irgend einem dieser Teile bleibt es fern.

So ist es.

Kann nun aber irgend etwas, was Eins ist, an vielen Stellen zugleich ganz sein? Überlege dir das!

Ich habe mir das schon überlegt und sehe, daß es unmöglich ist.

Wenn aber nicht ganz, so jedenfalls geteilt, und anders als geteilt kann es in keiner Weise allen Teilen des Seins zugleich einwohnen.

Richtig.

Das Geteilte aber muß doch wohl ganz notwendig ein so Vielfaches sein, als es Teile hat?

Notwendigerweise.

Nicht richtig war es also, wenn wir vorhin behaupteten, daß das Sein in mehr Teile geteilt sei als irgend etwas anderes: denn es ist nicht in mehr Teile geteilt als das Eins, sondern in gerade ebenso viele, wie es scheint; denn weder läßt sich das Sein vom Eins trennen noch das Eins vom Sein, vielmehr findet sich von diesen beiden stets in allem gleichviel.

Ganz offenbar.

Das Eins selbst ist also auch rein an sich betrachtet zerstückelt vom Sein und somit Vieles und unbegrenzt an Menge.

Offenbar.

Nicht bloß das seiende Eins also ist Vieles, sondern auch das reine Eins an sich ist ganz notwendig vom Sein geteilt und mithin Vieles.

Ja, ganz notwendig.

Und da doch die Teile immer Teile des Ganzen sind, so wird das Eins als Ganzes betrachtet auch begrenzt sein. Oder werden nicht die Teile vom Ganzen umfaßt?

Notwendigerweise.

Und das Umfassende wird doch wohl die Grenze sein?

Wie anders?

Das Eins, wenn es *ist*, ist also Eines und Vieles, Ganzes und Teile, begrenzt und von unbegrenzter Menge.

Offenbar.

Wenn es nun aber begrenzt ist, wird es da nicht auch Enden haben?

Notwendig.

Und ferner auch als Ganzes, wird es da nicht Anfang, Mitte und Ende haben müssen? Oder kann es ein Ganzes geben ohne diese drei? Und wenn irgend eins von ihnen einem Gegenstände mangelt, wird dieser dann noch Anspruch darauf haben, ein Cannes zu sein?

Nein.

Also auch Anfang, Ende und Mitte hat das Eins.

Jawohl.

Die Mitte ist aber nun gleich weit von beiden Enden entfernt, – nicht wahr, sonst kann sie nicht Mitte sein?

Nein.

So aber trägt das Sein, wie es scheint, notwendig auch irgend eine Gestalt an sich, sei es eine gerade oder eine runde oder eine aus beiden gemischte.

Jawohl.

Und steht es so um ihm, wird es da nicht sowohl in sich selbst als in einem anderen sein?

Wieso?

Von den Teilen ist doch wohl ein jeder in dem Ganzen und keiner von ihnen außer diesem?

So ist es.

Und alle Teile werden vom Ganzen umschlossen?

Ja.

Nun ist aber doch das Eins nichts anderes als alle seine Teile zusammen, und nicht mehr oder weniger als diese alle?

Nein.

Aber auch das Ganze ist doch wohl das Eins?

Wie sollte es nicht?

Wenn nun alle Teile im Ganzen sind, ebensowohl aber alle Teile als auch das Ganze selbst das Eins sind und alle Teile vom Ganzen umfaßt und umschlossen werden, so wird damit das Eins vom Eins Umschlossen, und so muß denn doch wohl das Eins in sich selbst sein?

Offenbar.

Andererseits aber ist wiederum das Ganze nicht in den Teilen, weder in allen noch in einigen. Denn wenn es in allen wäre, so müßte es auch in *einem* sein: denn wenn es in irgendeinem nicht wäre, so könnte es nicht mehr in allen sein. Wenn nun aber dieser eine Teil doch nur einer von ihnen allen ist und das Ganze schon in diesem Teile enthalten ist, wie soll es da erst in allen Teilen enthalten sein?

Auf keine Weise.

Aber es ist auch nicht in einigen Teilen. Denn wenn das Ganze in einigen wäre, so wäre das Mehrere in dem Wenigeren, und das ist unmöglich.

Jawohl, unmöglich.

519 Wenn aber das Ganze weder in mehreren noch in *einem* noch in allen Teilen ist, muß es da nicht notwendig in irgend einem andern oder aber überhaupt nirgends sein?

Notwendigerweise.

Wenn es nun aber nirgends wäre, so wäre es überhaupt Nichts: da es aber etwas, nämlich ein Ganzes ist, so muß es notwendig, da es in sich selber nicht ist, in einem anderen sein.

Jawohl.

Sofern als das Eins ein Ganzes ist, ist es in etwas anderem; insofern es aber mit allen seinen Teilen gleich ist, ist es in sich selbst; und so muß denn das Sein notwendig sowohl in sich selbst als auch in einem anderen sein.

Notwendig.

Wenn es aber so mit dem Eins steht, muß es da nicht notwendig auch sowohl sich bewegen als ruhen?

Wieso?

Sofern es in sich selbst ist, ruht es doch wohl? Denn wenn es im Eins ist und diesen seinen Aufenthalt nicht verläßt, so befindet es sich doch wohl damit immer an demselben Orte, nämlich in sich selbst.

So ist es.

Was sich aber immer in demselben Orte befindet, das muß doch wohl notwendig ruhen und stille stehen.

Jawohl.

Wie aber? Was sich immer in etwas anderem befindet, das kann sich doch wohl nie in demselben Orte befinden, und was sich nie in demselben Orte befindet, das kann doch nicht ruhen; was aber nicht ruht, muß sich doch wohl notwendig bewegen?

So ist es.

Es muß also das Eins, da es stets sowohl in sich selbst als auch in einem andern ist, auch stets sowohl bewegt als auch ruhend sein.

Offenbar.

Und ebenso muß es auch sowohl einerlei mit sich selbst als verschieden von sich selbst und desgleichen einerlei mit allem anderen und verschieden von allem anderen sein, wenn anders ihm wirklich das ihm vorhin Zugeschriebene zukommt.

Inwiefern?

Jegliches verhält sich doch wohl zu jeglichem so: es ist entweder einerlei mit ihm oder verschieden von ihm, oder, wenn es beides nicht ist, so wird es ein Teil von demjenigen sein, im Verhältnis zu welchem es beides nicht ist, oder aber es wird sich zu diesem wie das Ganze zum Teile verhalten.

Offenbar.

Ist nun etwa das Eins sein eigener Teil?

In keiner Weise.

Es wird sich also auch nicht zu sich selbst wie das Ganze zum Teile verhalten, so daß es selber dieser Teil wäre.

Nein, das ist unmöglich.

Ist nun aber ferner wohl das Eins vom Eins verschieden?

Gewiß nicht.

Also auch von sich selbst verschieden ist es nicht?

Allerdings nicht.

Wenn es sich nun zu sich selbst nicht als ein Verschiedenes noch als ein Ganzes noch als ein Teil verhält, muß es da nicht notwendig einerlei sein mit sich selbst?

Notwendigerweise.

Wie nun aber andererseits? Dasjenige, was sich stets in einem andern Orte befindet als es selbst, welches stets innerhalb desselben Ortes, nämlich in sich selbst, ist, muß das nicht notwendig verschieden von sich selbst sein, wenn anders es doch zugleich in sich selbst und in einem anderen Orte sein soll?

Mir wenigstens scheint es so.

Eben diese Beschaffenheit ergab sich nun aber doch vorhin für das Eins, daß es zugleich in sich selbst und in einem andern ist.

Ja, so ergab es sich.

Verschieden also ist offenbar insofern das Eins von sich selbst.

Offenbar.

520

Und wie nun? Wenn etwas verschieden von etwas ist, wird es da nicht verschieden sein von allem, was von ihm verschieden ist?

Notwendigerweise.

Alles nun, was nicht Eins ist, ist doch. wohl insgesamt verschieden vom Eins und das Eins verschieden von allem Nichteins?

Wie anders?

Verschieden also ist das Eins von allem anderen.

So ist es.

Nun so gib denn acht! Das Einerlei an sich und das Verschiedene an sich sind doch Gegensätze?

Wie anders?

Wird also sich wohl das Einerlei jemals an dem Verschiedenen oder das Verschiedene an dem Einerlei befinden können?

Nein, niemals.

Nun, wenn denn das Verschiedene sich niemals an dem Einerlei finden wird, so kann es auch keinen Gegenstand geben, an welchem sich das Verschiedene zu irgend einer Zeit fände: denn wenn es irgend einer Zeit sich an irgend einem Gegenstande fände, so würde es sich eben diese Zeit über an Einerlei finden. Ist es nicht so?

So ist es.

Da es nun aber jemals an Einerlei sich findet, so kann es auch zu keiner Zeit sich überhaupt an irgend einem Gegenstande finden.

Richtig.

Also weder im Eins noch in allem Nichteins kann es enthalten sein.

Nein.

Nicht durch die Verschiedenheit also ist das Eins von allem Nichteins und alles Nichteins vom Eins verschieden.

Nein.

Aber auch durch sich selbst kann doch beides unmöglich von einander verschieden sein, wenn beides an der Verschiedenheit keinen Anteil hat.

Unmöglich.

Wenn es aber weder durch sich selbst noch durch die Verschiedenheit von einander verschieden ist, so geht damit doch wohl überhaupt das Verschiedensein von einander von dannen?

In der Tat.

Nun hat aber doch alles Nichteins auch gar keinen Teil am Eins, denn so wäre es eben nicht mehr Nichteins, sondern gewissermaßen Eins.

Richtig.

Dann aber ist das Nichteins auch gar keine Zahl: denn selbst so wäre es nicht mehr schlechterdings Nichteins, wenn es die Zahl an sich trüge.

Allerdings nicht.

Und wie ferner? Bildet etwa alles Nichteins Teile des Eins? Oder würde vielmehr auch so das Nichteins Anteil am Eins haben?

Es würde.

Folglich, wenn letzteres schlechthin Eins sein soll und ersteres Nichteins, so kann weder das Eins ein Teil von allem Nichteins sein noch sich zu diesem wie ein Ganzes zu Teilen von sich verhalten, noch auch umgekehrt das Nichteins in einem dieser beiden Verhältnisse zum Eins stehen.

Nein.

Nun behaupteten wir aber doch, daß dasjenige, was sich weder wie Teile und Ganzes zu einander verhält, noch auch verschieden von einander ist, einerlei mit einander sei.

So behaupteten wir.

Müssen wir nun nicht demnach hieraus schließen, daß auch das Eins, da es in keinem dieser Verhältnisse zu allem Nichteins steht, eienerlei mit demselben ist?

Ja, es scheint dies offenbar aus dieser Auseinandersetzung zu folgen.

Sollte dasselbe nun wohl auch nicht sowohl ähnlich als auch unähnlich mit sich selbst sowie mit allem Anderen sein?

Vielleicht.

Wenigstens sofern es sich als verschieden von allem Anderen zeigte, dürfte auch wohl alles Andere verschieden von ihm sein.

Wie anders?

Und es wird ebenso weit verschieden von allem Anderen sein wie alles Andere von ihm und weder mehr noch minder?

Wie sonst?

Wenn aber weder mehr noch minder, so auf gleiche Weise.

Ja.

Insoweit es also ihm zukommt, verschieden von dem Anderen, und dem Anderen, gleichermaßen verschieden von ihm zu sein, insoweit kommt dem Eins einerlei mit allem Anderen und allem Anderen einerlei mit dem Eins zu.

Wie meinst du das?

So: Mit jedem Namen benennst du doch etwas?

Gewiß.

Wie nun? Kennst du denselben Namen nur einmal, oder kannst du ihn auch öfter aussprechen?

Das letztere.

Wenn du ihn nun nur einmal aussprichst, bezeichnest du dann mit ihm dasjenige, dessen Namen er ist, wenn aber öfter, dann nicht? Oder ist es nicht schlechterdings notwendig, daß, magst du denselben Namen nur einmal oder öfter aussprechen, du damit immer auch denselben Gegenstand bezeichnest?

Wie anders?

Nun ist doch auch wohl »das Verschiedene« ein Name für etwas?

Jawohl.

Magst du nun diesen Ausdruck nur einmal oder öfter gebrauchen, immer wirst du ihn damit in bezug auf nichts anderes gebrauchen und wirst nichts anderes mit ihm bezeichnen als dasjenige, dessen eigentümlicher Name dieser Ausdruck ist.

Notwendigerweise.

Wenn wir also behaupten, alles Andere sei verschieden vom Eins und das Eins sei verschieden von allem Anderen, und so zweimal den Ausdruck »verschieden« gebrauchen, so bezeichnen wir doch mit ihm beide Male keinen anderen Begriff, sondern eben den, dem diese Benennung eigentümlich ist.

Jawohl.

Insoweit also das Eins von allem Anderen verschieden ist und alles Andere vom Eins, insoweit kommt beiden, dem Eins und allem Anderen, vermöge eben jenes ihnen sonach zukommenden Verschiedenseins selbst, nicht ein anderes zu, sondern ganz Einerlei. Dasjenige aber, welchem Einerlei mit etwas anderem zukommt, dürfte diesem anderen ähnlich sein. Nicht wahr?

Ja.

Insoweit es also dem Eins zukommt, verschieden von allem Anderen zu sein, insoweit wird überhaupt alles und jedes allem und jedem ähnlich sein; denn jeder Gegenstand ist ja von jedem anderen Verschieden.

Das ist klar.

Nun ist aber doch das Ähnliche dem Unähnlichen entgegengesetzt.

Ja.

Also auch das Verschiedene dem Einerlei. 524

Auch das.

Und auch das hat sich gezeigt, daß das Eins einerlei ist mit allem Anderen und verschieden von allem Anderen.

Ja freilich.

Einerlei sein mit allem Anderen ist aber doch ein gerade entgegengesetzter Zustand wie verschieden sein von allem Anderen.

Jawohl.

Insofern nun als das Eins verschieden ist von allem Anderen, hat es sich als ähnlich mit diesem gezeigt.

Ja.

Insofern also als es einerlei mit ihm ist, wird es ihm unähnlich sein, infolge dessen, daß jene erstere Beschaffenheit derjenigen, die es ähnlich mit ihm macht, entgegengesetzt ist. Denn diese letztere war ja eben die Verschiedenheit von ihm.

Ja.

Unähnlich machen also wird es die Einerleiheit mit allem Anderen, oder sie müßte sonst aufhören, den Gegensatz der Verschiedenheit zu bilden.

So scheint es.

Ähnlich mithin und unähnlich wird das Eins allem Anderen sein, und zwar ähnlich, insofern es verschieden von demselben, unähnlich aber, insofern es einerlei mit ihm ist.

Es hat, wie es scheint, in der Tat auch eine solche Bewandtnis mit ihm.

Ja, und auch folgende...

Nun?

Insofern ihm Einerleiheit zukommt, ist es nicht anders geartet, wenn aber nicht anders geartet, so auch nicht unähnlich, und wenn nicht unähnlich, so ähnlich; insofern ihm aber Verschiedenheit zukommt, ist es anders geartet und, insofern anders geartet, unähnlich.

Du hast recht.

Weil also das Eins mit allem Anderen zugleich einerlei und von ihm verschieden ist in beidem Betracht und in jeder dieser beiden Beziehungen für sich genommen ist es allem Anderen auch sowohl ähnlich als unähnlich.

Jawohl.

525 Und desgleichen wird es sonach auch sich selbst ganz auf dieselbe Weise, da es ja sowohl als verschieden von sich selbst wie auch als einerlei mit sich selbst sich ergab, sowohl in beiderlei Betracht wie in je einer von beiden Beziehungen sich als ähnlich und unähnlich ergeben.

Notwendigerweise.

Und nun ferner: Wie steht es mit der Berührung und Nichtberührung des Eins mit sich selber und mit allem Anderen? Gib acht!

Das tue ich.

Es ergab sich uns doch wohl das Eins als in sich selber als Ganzem befindlich.

In der Tat.

Und auch in allem Anderen zeigte sich uns das Eins?

Ja.

Insofern es nun in allem Anderen ist, dürfte es doch alles Andere berühren: inwiefern es aber in sich selbst ist, dürfte es abgehalten sein, alles Andere zu berühren, wohl aber sich selbst berühren.

Offenbar.

Sonach berührt also das Eins sowohl sich selbst als auch alles Andere.

Allerdings.

Wie nun aber? Muß nicht ein jedes, welches etwas berühren soll, demjenigen zunächst liegen, das es berühren soll, indem es denjenigen Platz einnimmt, der unmittelbar angrenzt an den, an welchem das von ihm Berührte liegt?

Notwendig.

Auch das Eins also, wenn es sich selbst berühren will, muß unmittelbar rieben sich selbst liegen, indem es denjenigen Raum einnimmt, der an den stößt, in welchem es sich befindet.

Ja, so verhält es sich.

Nun würde aber das Eins dies doch nur dann tun und sich nur dann dergestalt an zwei Stellen zugleich befinden können, wenn es Zwei wäre; solange es aber Eins ist, wird es dies nicht zulassen.

Nein, gewiß nicht.

Mit derselben Notwendigkeit also, nach welcher das Eins nicht Zwei sein kann, kann es auch nicht sich selbst berühren.

Richtig.

Es berührt aber auch alles Andere nicht.

Warum denn nicht?

Weil, wie schon gejagt, dasjenige, was etwas berühren soll, sich außerhalb des von ihm zu Berührenden befinden, aber zugleich unmittelbar angrenzen muß, und ein Drittes zwischen beiden nicht liegen darf.

Richtig.

Zwei Gegenstände gehören also zum mindesten dazu, wenn eine Berührung stauenden soll.

So ist es.

Wenn nun aber zu diesen beiden Berührungsgegenständen noch ein Drittes in derselben Reihe hinzutritt, so werden der Berührungsgegenstände drei, der Berührungen aber zwei sein.

Ja.

Und so wird stets, wenn *ein* neuer Gegenstand hinzutritt, auch *eine* Berührung hinzutreten, und es bleibt das Ergebnis, daß der Berührungen immer um *eine* weniger sind als die jedesmalige Menge der Zahlen von Berührungsgegenständen. Denn um wieviel die beiden ersten von diesen Gegenständen die Zahl der Berührungen übertrafen, gerade um so viel übertrifft notwendig auch die nachmalige Gesamtzahl von ihnen die Gesamtheit der Berührungen, sofern ja auch in der Folge immer zugleich *ein* neuer Gegenstand zu jener Zahl hinzutritt und *eine* neue Berührung zu den Berührungen.

Richtig.

So groß also die Zahl der Gegenstände auch sein mag, so sind ihre Berührungen immer um *eine* weniger.

So ist es.

Wenn aber bloß Eins da ist und keine Zweiheit vorhanden, so findet auch keine Berührung statt.

Nein, das ist unmöglich.

Nun ist aber doch nach unserer Behauptung das, was etwas anderes ist als das Eins, weder Eins noch hat es teil an ihm, wofern es wirklich etwas anderes sein soll.

Freilich.

Und es wohnt sonach auch Zahl allem Anderen nicht ein, weil ihm eben das Eins nicht innewohnt.

Wie anders?

Weder Eins ist also das Andere noch Zwei, noch darf es mit dem Namen irgend einer anderen Zahl bezeichnet werden.

Nein.

Das Eins also allein ist vorhanden, und eine Zweiheit gibt es nicht.

Offenbar nicht.

Folglich gibt es auch keine Berührung, wenn es doch eben keine Zwei gibt.

So ist es.

Und wenn es keine Berührung gibt, so berührt denn auch weder das Eins das Andere noch das Andere das Eins.

Nein, das ist unmöglich.

Und so berührt denn nach allem diesem das Eins sowohl das Andere als sich selbst und berührt es auch nicht.

So scheint es.

Und ist es nicht auch ebensowohl gleich als auch ungleich sowohl sich selbst wie allem Anderen?

Wieso denn das?

Wenn das Eins größer oder kleiner wäre als das Andere oder umgekehrt das Andere größer oder kleiner als das Eins, so wäre doch weder das Eins dadurch, daß es Eins ist, noch das Andere dadurch, daß es anderes ist als das Eins, ich sage, beide wären nicht durch eben dieses ihr Wesen größer oder kleiner im Vergleich zu einander; sondern vielmehr, wenn beide außer diesem ihrem eigentümlichen Wesen auch noch Gleichheit an sich trügen, so wären sie gleich, und wenn das eine von ihnen Größe, das andere aber Kleinheit an sich trüge, sei es nun, daß das Eins diese, das Andere aber jene oder auch umgekehrt das Eins Größe, das Andere aber Kleinheit an sich trüge, so wird diejenige von beiden Wesenheiten, der die Große beigesellt ist, größer und diejenige, der die Kleinheit beigesellt ist, kleiner sein.

Notwendigerweise.

Es sind das also wirklich zwei Ideen, die Größe und die Kleinheit? Denn wären sie es nicht wirklich, so könnten sie auch nicht einander entgegengesetzt sein und dem Seienden einwohnen.

Unmöglich.

Wenn nun aber dem Eins Kleinheit einwohnt, so muß sie doch entweder dem Ganzen desselben oder einem Teile von ihm einwohnen.

Notwendig.

Wie, wenn sie nun dem Ganzen einwohnte? Müßte sie da nicht entweder völlig gleichlaufend mit dem Eins sich durch das Ganze desselben erstrecken oder aber dasselbe in sich einschließen?

Offenbar.

Wenn nun die Kleinheit dem Eins völlig gleichliefe, wäre sie da nicht demselben gleich, wenn sie es aber in sich einschlösse und umgäbe, größer als dasselbe?

Es kann nicht anders sein.

Ist es nun wohl möglich, daß die Kleinheit mit irgend etwas gleich ist oder größer als irgend etwas, und daß sie so die Rolle der Größe und der Gleichheit und nicht ihre eigene spielt?

Unmöglich.

In dem ganzen Eins daher kann die Kleinheit nicht enthalten sein, sondern, wenn überhaupt, nur in einem Teile desselben.

Jawohl.

Aber auch wieder nicht einmal in dem Ganzen eines solchen Teiles, denn sonst würde sie wieder dasselbe bewirken wie in bezug auf das ganze Eins: sie würde wiederum diesem Teile, dem sie jedesmal innewohnt, entweder gleich oder größer als derselbe sein.

Notwendigerweise.

Überhaupt wird sonach in keinem Gegenstande Kleinheit enthalten sein, da sie weder einem Teile noch einem Ganzen einwohnen kann, und es gibt nichts, was klein ist, außer der Kleinheit an sich.

So scheint es.

Aber auch Größe kann keinem Gegenstände innewohnen: denn dann wäre etwas anderes größer selbst als die Größe an sich, nämlich dasjenige, in welchem die Größe sich befände, und das noch dazu, während doch dabei für dasselbe ein Kleines, das doch Notwendig von ihm überragt werden müßte, wenn es groß sein soll, gar nicht vorhanden ist; denn dies ist unmöglich, da ja Kleinheit in nichts enthalten ist.

Richtig.

Nun ist aber doch die Größe an sich nicht in bezug auf etwas anderes großen als auf die Kleinheit an sich und die Kleinheit an sich in Bezug auf etwas anderes kleiner als auf die Größe an sich.

Gewiß nicht.

Somit ist denn alles Andere weder größer als das Eins noch kleiner, da es ebensowenig Größe wie Kleinheit in sich trägt, und diese letzteren beiden selbst haben jene ihre Beschaffenheit zu überragen sind überragt zu werden nicht in bezug auf das Eins, sondern in bezug aufeinander, und das Eins ist weder größer noch kleiner, weder als diese beiden noch als alles Andere, da es weder Große noch Kleinheit hat.

Offenbar.

Wenn nun aber das Eins weder größer noch kleiner ist als alles Andere, so kann es notwendig weder das letztere überragen noch von ihm überragt werden.

Notwendigerweise nicht.

Dasjenige aber, was etwas weder überragt noch von ihm überragt wird, muß doch wohl notwendig ganz gleiche Verhältnisse mit ihm haben und, wenn dies der Fall ist, ihm gleich sein?

Wie anders?

Und so dürfte denn auch das Eins sich zu sich selber verhalten: da es weder Größe noch Kleinheit an sich trägt und daher von sich selbst weder überragt wird noch auch sich selbst überragt, so muß es gleiche Verhältnisse mit sich selber haben und folglich sich selber gleich sein.

Jawohl.

Das Eins ist also sich selber und allem anderen gleich.

Offenbar.

Wenn es aber andererseits in sich selbst ist, so muß es auch sich selber von außen umgeben und, indem es so sich selbst umschließt, größer sein als es selbst, indem es aber so auch von sich selber umschlossen wird, auch kleiner, und mithin größer und kleiner zugleich als es selbst.

So ist es.

Ist nicht aber auch dies notwendig, daß es nichts weiter gibt außer dem Eins und allem Anderen?

Wie sollte es nicht?

Alles, was ist, muß aber doch stets auch irgendwo sein?

Ja.

Und wird nun nicht dasjenige, was sich in irgend etwas befindet, sich in demselben befinden wie das Kleinere im Größeren, denn auf eine andere Weise kann sich doch wohl nicht das eine in einem anderen befinden?

Nein.

Wenn es nun aber nichts weiter gibt außer dem Eins und allem Anderen, und sich beide in irgend etwas befinden müssen, ist es da nicht notwendig, daß sie sich in einander befinden, das Andere in dem Eins und das Eins in dem Anderen, oder aber daß sie nirgends sind?

Offenbar.

Soweit nun demgemäß das Eins in dem Anderen ist, wird das Andere größer sein als das Eins, indem es dieses umschließt, und das Eins kleiner als das Andere, indem es von diesem umschlossen wird; insofern aber das Andere im Eins, so das Eins aus dem gleichen Grunde größer als das Andere und das Andere kleiner als das Eins.

So scheint es.

Das Eins ist also gleich groß und größer und kleiner als es selbst und als das Andere.

Offenbar.

Und wenn es größer, kleiner und gleich groß in dieser Weise ist, so hat es auch gleiche und größere und kleinere Maßeinheiten als es selbst und das Andere, und wenn Maßeinheiten, so auch Teile.

Wie anders?

Und wenn es von gleichen und kleineren und größeren Maßen ist, so ist es auch der Zahl nach weniger und mehr und ebenso gleichviel als es selbst und das Andere.

Wieso?

Wenn etwas größer ist als etwas, so hat es auch eine größere Zahl von Maßeinheiten, und wieviel Maßeinheiten, so viel auch Teile, und wenn es kleiner sowie wenn es gleich groß ist, so steht die Sache entsprechend.

So ist es.

Wenn also etwas größer, kleiner und gleich groß ist als es selbst, so hat es auch gleiche, größere und kleinere Maßeinheiten als es selbst, und wenn Maßeinheiten, so auch Teile.

Wie anders?

Wenn nun aber etwas an Teilen ganz sich selber gleich ist, dann wird auch die Menge seiner Teile dieselbe sein wie die seiner selbst, und wenn es größer an Teilen ist, so dürfte es eine größere, und wenn es kleiner an Teilen ist, eine kleinere Zahl von Teilen haben als es selbst.

Offenbar.

So wird sich mithin das Eins zu sich selbst, ebenso aber auch zu dem Anderen verhalten: insofern es größer erscheint als dies, muß notwendig auch die Zahl seiner Teile eine größere sein, insofern es kleiner erscheint, eine kleinere, und insofern es gleich groß erscheint, eine gleiche.

Notwendigerweise.

Also ist denn, wie es scheint, das Eins auch gleichviel und mehr und weniger an Zahl als es selbst und als das Andere.

So ist es.

Hat nun ferner wohl das Eins auch nicht an der Zeitteil und wird jünger und älter als es selbst und als das Andere, und zugleich weder jünger noch älter als es selbst und als das Andere, vermöge eben dieser Teilnahme an der Zeit?

Wieso?

Nun, das »Es ist« muß ihm doch wohl zukommen, wenn anders es wirklich Eins *ist*.

Ja.

»Es ist«, das heißt aber doch nichts anderes als: es nimmt teil am Sein in der gegenwärtigen Zeit, geradeso wie »es war« sein Teilhaben am Sein in der vergangenen und »es wird sein« in der zukünftiger Zeit bezeichnet?

So ist es.

Wofern es also *ist*, hat es auch an der Zeitteil.

Jawohl.

Also auch an der fortschreitenden Zeit?

Ja.

Beständig also wird es älter, wenn es mit der Zeit fortgeht.

Notwendig.

Nun erinnerst du dich aber wohl, daß wir feststellten, alles, was älter wird, werde dies in Vergleich zu etwas, was jünger wird?

Ich erinnere mich.

532

Wenn daher das Eins älter wird als es selbst, so wird es danach zugleich jünger als es selbst.

Notwendig.

Auf diese Weise wird es also zugleich älter und jünger als es selbst.

Ja.

Ist es nun aber nicht dann älter, wenn es in diesem Werden in der Jetztzeit sich befindet, die in der Mitte liegt zwischen dem »War« und dem »Wirdsein«? Denn schwerlich wird es im Fortgange aus dem Vorher in das Nachher das Jetzt überspringen.

Schwerlich.

Hält es nun aber nicht dann ein, älter zu werden, wenn es im Jetzt anlangt, und *wird* dann nicht mehr älter, sondern *ist* es schon? Denn wenn es dann nicht damit innehielte, sondern weiter darin vorrückte, so könnte es niemals von dem Jetzt erfaßt werden. Verhält sich ja doch das in der Zeit Vorrückende zu beiden, dem Jetzt und dem Nachher, so, daß es eben das Jetzt verläßt und dem Nachher zustrebt und so zwischen beide tritt.

Richtig.

Wenn denn aber sonach alles, was wird, das Jetzt nicht umgehen kann, so hält es auch, sobald es bei diesem angelangt ist, mit dem Werden an und *ist* nunmehr das, was es vorher *ward*.

Offenbar.

Auch das Eins mithin, sobald es in seinem Älterwerden beim Jetzt anlangt, hält dann mit diesem Werden ein und *ist* dann älter.

Allerdings.

Und es ist dann älter als dasjenige, als welches es bis dahin älter *ward*; und dies war eben es selbst.

Ja.

Alles Ältere aber ist älter als ein Jüngeres?

Das ist es.

Auch jünger *ist* somit dann das Eins, wenn es in jenem seinem Älterwerden beim Jetzt anlangt.

Notwendigerweise.

Das Jetzt aber wohnt doch dem Eins bei während seines ganzen Seins. Denn es ist immer *jetzt*, solange es ist.

Wie anders?

Beständig also ist und wird das Eins älter und jünger als es selbst.

So scheint es.

Ist oder wird es nun aber längere Zeit hindurch als es selbst oder die gleiche Zeit?

Die gleiche.

Wenn etwas aber die gleiche Zeit hindurch mit etwas wird oder ist, so hat es mit demselben das gleiche Alter.

Wie anders?

Und wenn es das gleiche Alter hat, so ist es weder älter noch jünger.

Richtig.

Das Eins also, da es die gleiche Zeit hindurch wird und ist wie es selbst, ist und wird weder älter noch jünger als es selbst.

So scheint mir's.

Und wie? Wie verhält es sich in dieser Beziehung zu allem Anderen?

Das weiß ich nicht zu sagen.

So viel aber weißt du mir doch zu sagen, daß alles andere außer dem Eins, wenn es anders mehrere verschiedene Gegenstände in sich schließt und nicht bloß *ein* Verschiedenes ist, mehr ist als Eins. Wäre es nun aber nur *ein* Verschiedenes, so wäre es selber Eins: mithin aber muß es mehrere verschiedene Gegenstände in sich schließen und so mehr als Eins sein und die Vielheit an sich tragen.

Es kann nicht anders sein.

Und wenn es eine Vielheit ist, so hat es an einer größeren Zahl teil als am Eins.

Sicherlich.

Und wie nun? Werden wir behaupten, daß von der Zahl das Mehr früher werde und da sei oder das Weniger?

Das Weniger.

Das Wenigste also zuerst, dies aber ist das Eins. Nicht wahr?

Ja.

Von allem, was eine Zahl an sich trägt, ist also das Eins zuerst geworden. Aber auch alles Andere trägt eine Zahl an sich, sofern es eben eine Mehrzahl anderer Gegenstände ist und nicht bloß *ein* anderer Gegenstand.

Freilich.

Was zuerst geworden ist, sollte ich denken, ist aber früher und alles Andere später geworden, und das später Gewordene jünger als das früher Gewordene. Und so dürfte denn auch alles Andere jünger als das Eins und das Eins älter als alles Andere sein.

In der Tat.

Wie steht es nun aber hiermit? Kann das Eins wider seine eigene Natur geworden sein, oder ist das unmöglich?

Unmöglich.

Nun zeigte sich aber doch, daß das Eins Teile hat. Hat es aber Teile, so hat es auch Anfang, Ende und Mitte.

Ja.

Wird nun nicht von allem der Anfang zuerst, sowohl vom Eins selbst als auch von jeglichem anderen, und nach dem Anfang dann alles andere bis zum Ende hin?

Wie anders?

Und dies Alles würden wir doch als Teile des Ganzen sowie des Eins bezeichnen und sagen, daß dieses letztere selbst erst zugleich mit dem Ende Eins und Ganzes geworden ist.

Jawohl.

Das Ende aber, sollte ich meinen, wird zuletzt, und wenn nun das Eins seiner Natur nach erst mit diesem zugleich fertig dasteht, so muß, falls es eben nicht wider seine eigene Natur werden kann, es, weil eben erst zugleich mit dem Ende, später als alles Andere geworden sein.

Offenbar.

Dann ist aber das Eins jünger als alles Andere und alles Andere älter als das Eins.

Auch das leuchtet mir ein.

Wie nun aber? Muß nicht der Anfang und jeder beliebige sonstige Teil des Eins oder des Anderen, sofern er doch eben *ein* Teil desselben ist und nicht mehrere Teile, notwendig Eins sein?

Notwendig.

So aber muß ja das Eins notwendig schon zugleich mit dem werden, was zuerst wird, und ebenso zugleich mit dem Zweiten, und kann auch keines von allem Anderen, was da wird und durch dies Werden zu etwas hinzukommt, verlassen, bis denn Alles, zum Ende gelangt, zum ganzen Eins geworden ist. Es kann, sage ich, dergestalt weder Mitte noch Erstes noch Letztes noch sonst etwas anderes bei deren Werden verlassen.

Richtig.

Folglich hat das Eins mit allem Anderen einerlei Alter, und wenn das Eins selber nicht wider seine Natur geworden sein soll, so kann es weder früher noch später als alles Andere, sondern muß zugleich mit diesem geworden sein. Und auf Grundlage dieser Betrachtung wird demnach das Eins weder älter noch jünger sein als alles Andere, und alles Andere weder älter noch jünger als das Eins; auf Grund der vorherigen aber erschien dieser als älter und jünger denn jenes, und jenes ebenso denn dieses.

Jawohl.

So also steht es in betreff seines Seins und Gewordenseins. Aber wie stellt es in diesem Betracht wiederum hinsichtlich seines Werdens? Wie steht es hinsichtlich dessen, ob es auch älter und jünger wird als das Andere und das Andere als das Eins und wiederum auch weder älter noch jünger wird? Verhält es sich wie hinsichtlich des Seins in diesem Betracht so auch hinsichtlich des Werdens, oder anders?

Ich weiß es nicht zu sagen.

Aber so viel Wenigstens weiß ich, daß, wenn etwas älter ist als etwas anderes, es dann nicht noch älter werden kann, sondern stets den gleichen Altersunterschied beibehält, den es gleich zuerst bei seinem Gewordensein an sich trug, und daß ebenso das Jüngere nicht noch jünger werden kann. Denn Gleiches zu Ungleichem hinzugefügt, sei es bei einem Zeitquantum, sei es bei irgend etwas anderem, bewirkt stets den Unterschied um dasjenige gleiche Maß, um welches derselbe von vornherein stattfand.

Wie anders?

Kein Gegenstand, der älter oder jünger *ist* als ein anderer, kann also jemals älter oder jünger *werden* als dieser, sofern er stets um ein gleiches Maß im Alter von ihm sich unterscheidet, sondern er *ist* bereits und *ist geworden* älter oder jünger, nicht aber *wird* er es erst.

Richtig.

Folglich *wird* also auch das Eins, da es dies schon ist, niemals weder älter noch jünger als alles Andere.

Schlechterdings nicht.

Nun siehe aber zu, ob nicht wieder in folgendem Betracht beide doch älter und jünger *werden*?

Nun?

Eben insofern das Eins sich als älter denn alles Andere und das Andere als älter denn das Eins ergab.

Wieso denn das?

Wenn das Eins älter *ist* als alles Andere, so muß es doch wohl bereits längere Zeit entstanden und geworden sein als dieses?

Ja.

Und nun ziehe wiederum folgendes in Betracht: Wenn wir zu mehr und zu weniger Zeit eine gleiche Zeit hinzusetzen, wird dann das Mehr von dem Weniger noch um einen gleichen (Bruch-)Teil verschieden sein oder um einen kleineren?

Um einen kleineren.

Insofern wird also wieder das Eins nicht um so viel, als es zuerst von allem Anderen dem Alter nach verschieden war, es auch später sein, sondert es wird, indem es um gleiche Zeit mit demselben an Alter zunimmt, hernach sich stets um ein Geringeres im Alter von ihm unterscheiden als zuvor. Nicht wahr?

Ja.

Was sich aber um ein Geringeres im Alter als früher von etwas unterscheidet, das wird doch jünger als zuvor im Verhältnis zudem, in Beziehung auf welches es früher älter war?

Jawohl.

Wird aber so das Eins jünger, so wird doch wohl auch alles Andere dagegen älter im Verhältnis zum Eins als früher?

Jawohl.

Das Jüngergewordene *wird* also älter im Verhältnis zu dem Früher-gewordenen und Älterseienden, und zwar *ist* es niemals älter, sondern *wird* nur immer älter als dieses. Denn dieses nimmt stets in der Richtung des Jüngeren zu, jenes aber in der des Älteren. Und in derselben Weise wird auch wieder das Ältere jünger als das Jüngere: denn indem beide die entgegengesetzte Richtung einschlagen, so werden sie dadurch 537 auch zum Gegenteil von einander, das Jüngere nämlich, wie gesagt, älter als das Ältere und das Ältere jünger als das Jüngere. Es aber je wirklich geworden zu sein sind sie nicht imstande: denn wenn sie es geworden wären, so würden sie es nicht mehr, denn dann wären sie es schon; nun aber *werden* sie eben erst älter und jünger gegen einander: das Eins wird jünger als alles! Andere, weil es sich als älterseiend und früher geworden gezeigt hat, alles Andere aber älter als das Eins, weil es später geworden ist. Aus demselben Grunde verhält sich aber auch alles Andere umgekehrt zum Eins, weil es sich ja ebensogut auch als älter denn dieses gezeigt hat und als früher geworden.

So ist es offenbar.

Also insofern keins von beiden weder älter noch jünger wird als das anderer auf Grund dessen, daß sie sich stets um die gleiche Zahl an Alter von einander unterscheiden, wird das Eins weder älter noch jünger als alles Andere und alles Andere weder älter noch jünger als das Eins. Insofern aber das Frühergewordene von dem Späteren und das Spätere von dem Früheren sich stets durch einen anderen (Bruch-)Teil unterscheiden muß, insofern müssen das Eins und alles Andere beständig immer älter und jünger gegen einander werden?

Jawohl.

Nach all dieser ist und wird denn das Eins älter und jünger und ist und wird auch wiederum weder älter noch jünger als es selbst und alles Andere.

Ja, durchaus so ist es.

Wenn nun aber das Eins an der Zeit teilhat und am Älter- und Jüngergewordenen, muß es da nicht notwendig auch an dem Ehemals teilhaben und dem Nachher und dem Jetzt?

Notwendig.

Es war also das Eins und ist und wird sein und wurde und wird und wird werden.

Gewiß.

Und es kann ihm auch etwas zukommen und angehören und kam wirklich zu und kommt zu und wird ihm zukommen und gehörte, gehört und wird ihm gehören.

Jawohl.

Und es gibt auch eine Erkenntnis und Vorstellung und Wahrnehmung von ihm, wenn anders wir ja doch auch jetzt alle diese Tätigkeiten in bezug auf dasselbe ausüben.

Du hast recht.

Und es kommt ihm daher auch ein Name zu, und es ist eine Aussage über dasselbe möglich, und es kann genannt und besprochen werden,

538

und was nur immer derartiges von allem Anderen gilt, das gilt auch vom Eins.

Ja, in jedem Betracht verhält es sich so.

Wir wollen jetzt auch noch das Dritte besprechen: Wenn das Eins so beschaffen ist, wie wir es erörtert haben, muß es da nicht notwendig, ja es sowohl Eins ist als auch Vieles und wiederum weder Eins noch Vieles und dabei an der Zeitteil hat, – muß es da nicht, sage ich, notwendig, insofern es wirklich Eins ist, zu irgend einer Zeit am Sein teil haben, insofern es aber dies nicht ist, zu irgend einer Zeit wiederum nicht teil haben?

Notwendig.

Und wird es zu *der* Zeit, in welcher es an ihm teil hat, zugleich nicht an ihm teil haben, oder zu *der* Zeit, in welcher es nicht an ihm teil hat, zugleich teil haben können?

Das ist unmöglich.

Zu *einer* Zeit folglich hat es an ihm teil und zu einer andern nicht. Auf diese Weise allein kann es an einem und demselben teil haben und nicht teil haben.

Richtig.

Es gibt also eine solche Zeit, in der es das Sein aufnimmt, und eine solche, in der es dies fahren läßt. Denn wie wäre es sonst imstande, bald dasselbe zu besitzen und bald es nicht zu besitzen, wenn es nicht eben zu *einer* Zeit dasselbe ergriffe und zur andern es wieder aufgäbe?

Auf keine Weise.

Das Sein annehmen heißt aber doch wohl so viel als *entstehen*?

Ja.

Das Sein aufgeben aber heißt doch so viel als *vergehen*?

Jawohl.

Das Eins also, wie es scheint, da es das Sein annimmt und aufgibt, *entsteht* und *vergeht*.

Notwendig.

Wenn es nun aber Eins und Vieles wird und entsteht und vergeht, wird da nicht, wenn das Eins entsteht, das Vielessein vergehen, und wenn das Viele entsteht, das Einssein vergehen?

Jawohl.

Indem es aber Eins und Vieles wird, muß es da nicht notwendig gesondert und verbunden werden?

Ganz gewiß.

Und indem es ähnlich und unähnlich wird, sich verähnlichen und verunähnlichen?

Ja.

Und wenn es größer und kleiner und gleich groß wird, dann wachsen, abnehmen und sich ausgleichen?

So ist es.

Wenn es ferner in der Bewegung stillsteht und andererseits aus der Ruhe in die Bewegung übergeht, so kann dies beides doch wohl auch nicht in einer und derselben Zeit geschehen?

Wie wäre das möglich?

Und daß nun das früher Ruhende sich später bewegt und das früher Bewegte später ruht, dies kann doch einerseits ohne Übergang beidem unmöglich widerfahren.

Unmöglich.

Andererseits gibt es aber auch keine Zeit, in der etwas zugleich weder bewegt sein noch ruhen könnte.

Auf keinen Fall.

Aber doch kann es auch nicht übergehen, ohne eben diesen Mittelzustand durchzumachen.

Natürlich nicht.

Wann findet denn also dieser Umschlag und Übergang statt, wenn doch dasjenige, welches ihn erfährt, ihn weder erfahren kann, solange es noch ruht, noch auch, sobald es sich schon bewegt, und auch nicht, indem es in der Zeit ist?

Dies alles ist allerdings unmöglich.

Ist nun vielleicht dies jenes seltsame Etwas, in welchem es sich dann befindet, wenn es den Übergang erleidet –?

Nun, welches?

Der *Augenblick*. Denn das Augenblickliche scheint etwas Derartiges zu bezeichnen, daß von ihm aus etwas in den einen oder anderen von zwei entgegengesetzten Zuständen übergeht. Denn nicht aus der Ruhe geht etwas, während es noch ruht, in die Bewegung über, noch aus der Bewegung, während es sich noch bewegt, in die Ruhe über, sondern der Augenblick, dieses wunderbare Etwas, liegt zwischen der Bewegung und der Ruhe, keiner Zeit angehörig, und in ihm und aus ihm geht das Bewegte zur Ruhe und das Ruhende zur Bewegung über.

540

So scheint es.

Auch das Eins also, sofern es doch ebensowohl ruhend als auch bewegt ist, macht einen Übergang nach beiden Seiten hin durch; denn nur so ist es denkbar, daß es beides sein könnte. Macht es ihn aber durch, so macht es ihn auch im Augenblick durch; und dann, wenn es ihn durchmacht, ist es in keiner Zeit und bewegt sich dann weder, noch ruht es.

So ist es.

Verhält es sich nun nicht so auch mit allen anderen Übergängen? Wenn das Eins aus dem Sein in das Vergehen oder aus dem Nichtsein in das Entstehen übergeht, tritt es dann nicht immer in eine Mitte zwischen Bewegung und Ruhe und ist dann weder, noch ist nicht, und entsteht dann weder, noch vergeht?

So scheint es wenigstens.

Und ebenso auch, wenn es aus der Einheit in die Vielheit und aus der Vielheit in die Einheit übergeht, ist es weder Eins noch Vieles und sondert sich weder, noch zieht es sich zusammen, und wenn es aus der Ähnlichkeit in die Unähnlichkeit und aus der Unähnlichkeit in die Ähnlichkeit übergeht, dann ist es weder ähnlich noch unähnlich und wird auch beides noch nicht. Und wenn es aus der Kleinheit in die Größe und wenn es in die Gleichheit oder in ihr Gegenteil übergeht, ist es weder klein noch groß noch gleich und wächst oder nimmt ab oder gleicht sich aus.

So ist es.

Alle diese Vorkommenheiten erfährt also das Eins, wenn es *ist*.

Richtig.

Müssen wir nun nicht auch betrachten, welche Vorkommenheiten alles Andere erfahren müsse, wenn das Eins *ist*?

Jawohl.

Laß uns denn also unsere Frage dahin stellen: Wenn das Eins *ist*, was muß da allem Anderen außer dem Eins widerfahren?

Gut.

Wenn es nun eben anderes ist als das Eins, so kann es doch durchaus nicht das Eins sein: denn sonst wäre es ja nicht anderes als das Eins.

Richtig.

Und doch ist auch wieder das Andere nicht durchaus des Eins beraubt, sondern hat einen gewissen Anteil an ihm.

Wieso?

Alles Andere ist doch wohl nur als ein solches, welches Teile hat, anderes als das Eins; denn wenn es keine Teile hätte, so wäre es ja vollkommen Eins.

Richtig.

Teile aber hat, wie schon gesagt, nur, was ein Ganzes ist.

Ja, das bemerkten wir allerdings schon.

Jedes Ganze aber ist doch notwendig ein aus Vielen bestehendes Eins, und nur von einem solchen können die Teile Teile sein; denn jeder Teil ist ja doch notwendig nicht ein Teil einer ungeeinten Vielheit, sondern eines solchen Ganzen.

Warum denn?

Wenn etwas ein Teil von einer bloßen Vielheit sein sollte, zu welcher es mit gehört, so müßte es ja sowohl ein Teil von sich selbst, was doch unmöglich ist, als auch von jedem einzelnen *Eins* von diesen anderen Vielen sein, wenn anders es eben ein solcher von *allen* diesen Vielen sein soll. Denn wenn es überhaupt nicht Teil *eines* von ihnen sein soll, so wird es nur noch Teil aller übrigen sein können, und so eben nicht mehr Teil jedes *einen*, und wenn es jedes *einen* Teil nicht ist, dann ist es auch gar keines von diesen Vielen Teil, und wenn dies, so ist es unmöglich, daß es von denen allen etwas, es sei nun ein Teil oder was sonst immer, sei, von deren keinem es dies ist.

Offenbar.

Nicht von Vielen also oder Allen ist der Teil Teil, sondern von einer gewissen einheitlichen Wesenheit oder einem gewissen Eins, welches wir ein Ganzes nennen, sobald es eben alle jene seine Teile vollständig zur Einheit in sich zusammenschließt.

Ganz so verhält es sich.

Wenn demnach das Andere Teile hat, so wird es damit auch der Ganzheit und Einheit teilhaftig sein.

Jawohl.

Also ein vollständiges Eins und Ganzes, welches Teile hat, ist notwendig alles Andere außer dem Eins.

Notwendig.

Aber auch hinsichtlich jedes einzelnen Teils gilt derselbe Satz: Auch jeder einzelne Teil muß notwendig des Eins teilhaftig sein. Denn wenn

542

jeder einzelne ein Teil ist, so bezeichnet dies »jeder einzelne« doch wohl, daß er für sich Eins ist, gesondert von allen übrigen.

Richtig.

So jedoch, daß es am Eins nur Anteil hat als ein anderes denn das Eins: denn sonst wäre es des Eins nicht bloß teilhaftig, sondern würde selber Eins sein; nun aber kann Eins sein unmöglich irgend etwas außer dem Eins selbst.

Unmöglich.

Anteil haben am Eins aber muß notwendig sowohl das Ganze als der Teil. Denn das Ganze wird eben *ein* Ganzes sein, von dem die Teile: Teile sind, der Teil aber immer je *einer* der Teile des Ganzen, von welchen als seinen Teilen das Ganze eben Ganzes ist.

So ist es.

Und alles, was am Eins nur Anteil hat, wird stets als ein vom Eins Verschiedenes an ihm Anteil haben.

Wie anders?

Was aber vom Eins verschieden ist, das ist doch wohl Viel. Denn wenn alles andere als das Eins weder Eins noch mehr als Eins wäre, so wäre es gar Nichts.

In der Tat.

Da nun aber sonach dasjenige, was am Eins im Sinne des Teils, und was am Eins im Sinne des Ganzen Anteil hat, mehr als Eins ist, ist es da nicht sogar notwendig, daß alles dies das Eins in sich Aufnehmende an sich betrachtet unbegrenzt an Vielheit ist?

Warum?

Fassen wir dabei für folgendes ins Auge: Ist es nicht dann, wenn es das Eins in sich aufnimmt, etwas, was nicht Eins und auch noch nicht des Eins teilhaftig ist?

Offenbar.

Also eine Masse von Vielheiten, denen das Eins nicht innewohnt?

Jawohl.

Wie nun? Wenn wir in Gedanken von so etwas auch nur das Allergeringste, was sich überhaupt denken läßt, hinwegnehmen wollten, würde da nicht notwendig auch schon dieses Hinweggenommene, sofern es doch des Eins noch nicht teilhaftig wäre, eine Vielheit sein ohne Einheit?

Notwendig.

Und wird nun nicht, wenn wir so immer die vom Eins verschiedene Natur dieser Gattung an und für sich betrachten, soviel wir jedesmal von ihr übersehen, sich dies stets als eine unbegrenzte Vielheit darstellen?

Schlechterdings.

Andererseits aber, sobald jeder *eine* Teil wirklicher Teil geworden ist, so haben alle diese Teile ihre Grenze gegen einander und das Ganze gegen die Teile.

Gewiß.

Allem anderer als dem Eins begegnet es also, daß aus der Verbindung des Eins mit ihm selber ein von ihm Verschiedenes in ihm entsteht, das eine gegenseitige Begrenzung in ihm hervorbringt, während seine eigene Natur an sich es unbegrenzt macht.

Das leuchtet ein.

So ist denn alles Andere als das Eins sowohl als Ganzes wie auch seinen Teilen nach sowohl unbegrenzt als auch der Grenze teilhaftig.

Jawohl.

Und sind nicht auch alle dazu gehörigen Gegenstände sowohl ähnlich als auch unähnlich ebensowohl untereinander als auch jeder derselben mit sich selbst?

Inwiefern denn?

Insofern dies alles seiner eigenen Natur nach unbegrenzt ist, kommt ihnen doch wohl einerlei Beschaffenheit zu.

Jawohl.

Und sofern es alles der Grenze teilhaftig ist, gleichfalls.

Wie anders?

544 Insofern es aber sowohl begrenzt als auch unbegrenzt ist, insofern kommen ihnen doch wohl einander entgegengesetzte Beschaffenheiten zu?

Ja.

Und das einander entgegengesetzte ist doch wohl einander so unähnlich als möglich?

Wie anders?

Insofern diese Gegenstände jede von diesen beiden Beschaffenheiten für sich genommen an sich tragen, ist also jeder derselben sich selber und sind sie alle einander ähnlich; insofern aber beide zusammen, verhalten sie sich in beiderlei Betracht ganz entgegengesetzt und möglichst unähnlich.

So scheint es.

Und so sind sie denn alle untereinander und jeder sich selber sowohl ähnlich als auch unähnlich.

So ist es.

Und es wird nicht mehr schwer sein zu finden, daß alles Andere als das Eins sowohl einerlei mit einander als verschieden, sowohl bewegt als auch ruhend ist und überhaupt alle möglichen entgegengesetzten Beschaffenheiten an sich trägt und alle möglichen entgegengesetzten Vorkommenheiten erfährt, nachdem es sich gezeigt, daß ihm die bisher betrachteten zukommen.

Du hast recht.

Und so wollen will denn von der weiteren Verfolgung dieser Punkte abstehen, weil sie ja hinlänglich klar vorliegen, und vielmehr wieder von vorne an untersuchen, wenn das Eins ist, ob es sich dann mit allem Anderen bloß in der bisher betrachteten Weise oder ob es sich nicht auch anders verhält.

Ja, so wollen wir es machen.

Stellen wir also von neuem wieder die Frage: Wenn das Eins *ist*, was muß dann allem Anderen außer dem Eins widerfahren?

Wohl, stellen wir wieder diese Frage!

Muß dann nicht das Eins gesondert sein von allem Anderen und alles Andere vom Eins?

Warum denn?

Weil doch außer leiden kein Drittes mehr da ist, welches ein anderes wäre als das Eins und ein anderes als alles Andere. Denn wenn man sagt: »das Eins und alles Andere«, so hat man damit alles ausgesprochen, was überhaupt dasein kann.

Freilich alles.

Und es ist mithin kein von beiden Verschiedenes mehr da, in welchem das Eins und alles Andere sich gemeinschaftlich befinden könnet.

Nein.

Und folglich kann niemals das Eins und das Andere sich in einem und demselben befinden.

So scheint es.

Und folglich sind beide ganz gesondert von einander?

Ja.

Und das wahrhaft so zu nennende Eins kann, wie wir bereits gesehen haben, auch keine Teile haben.

Nein, das kann es nicht.

Es kann das Eins also weder als Ganzes sich in dem Anderen befinden noch als Teile desselben, wenn es doch gesondert ist von allem Anderen und keine Teile hat.

Nein, das ist undenkbar.

Auf keine Weise also kann das Andere am Eins Anteil haben, da dieses weder nach einem seiner Teile noch auch als Ganzes mit ihm in Gemeinschaft steht.

So scheint es.

In keinem Betracht mithin ist das Andere Eins und hat irgend eine Einheit in sich.

Nein, keineswegs.

Dann ist das Andere aber auch nicht Vieles: denn wäre es dies, so wäre auch jeder zu ihm gehörige Gegenstand ein Teil des Ganzen. So aber ist alles Andere außer dem Eins weder Eins noch Vieles und weder Ganzes noch Teile, da es eben mit dem Eins in keinem Betracht Gemeinschaft hat.

Richtig.

Also auch nicht Zwei oder Drei ist weder das Ganze an sich betrachtet, noch ist eine Zwei oder Drei in ihm enthalten, wenn es in jedem Betracht der Einheit beraubt ist.

So ist es.

Und auch nicht ähnlich und unähnlich ist sonach dem Eins weder das Andere selbst, noch auch ist in ihm Ähnlichkeit und Unähnlichkeit enthalten. Denn wenn es selbst ähnlich und unähnlich wäre oder auch nur Ähnlichkeit und Unähnlichkeit in sich enthielte, so hätte ja alles Andere als das Eins zwei entgegengesetzte Begriffe an sich.

Offenbar.

Das aber erschien uns ja als unmöglich, daß etwas einer Zweiheit teilhaftig sein könnte, was nicht einmal einer Einheit teilhaftig ist.

Jawohl, als unmöglich.

Weder ähnlich noch unähnlich noch beides ist also das Andere. Denn als ähnlich sowie als unähnlich hätte es an einem von jenen beiden, als beides aber an beiden entgegengesetzten Begriffen teil. Das aber erschien uns als unmöglich.

Richtig.

Und ebenso ist es Weder einerlei noch verschieden, weder ruhend noch bewegte weder entstehend noch vergehend, weder größer noch kleiner noch gleich, noch kommt ihm sonst etwas Derartiges zu. Denn wenn das Andere als das Eins es vertragen könnte, daß ihm irgend so etwas zukäme, so würde es auch am Eins und an der Zweiheit und Dreiheit und am Geraden und Ungeraden teil haben, an welchem allen seine Teilnahme doch als eine Unmöglichkeit erschien, wenn es eben des Eins ganz und gar beraubt ist.

Sehr richtig.

So ist denn also, wenn Eins ist, das Eins Alles und Nichts sowohl im Verhältnis zu sich wie auch zu allem Anderen, und mit allem Anderen steht es denn ebenso.

Vollkommen so vorhält es sich.

Gut denn! Wenn nun aber das Eins *nicht* ist, – was dann eintreten muß, das wäre wohl demnächst zu untersuchen?

Freilich.

Was ist das nun Wohl für eine Voraussetzung: »wenn Eins nicht ist«? Unterscheidet sie sich etwa nicht irgendwie von der: »wenn Nicht-Eins nicht ist«?

Ohne Zweifel tut sie das.

Und unterscheidet sie sich etwa bloß von ihr, oder ist es nicht sogar das gerade Gegenteil, zu sagen »wenn Eins nicht ist« und »wenn Nicht-Eins nicht ist«?

Das gerade Gegenteil.

Und ferner, wenn jemand sagte: »wenn Größe nicht ist« oder »wenn Kleinheit nicht ist« oder »wenn irgend sonst etwas nicht ist«, würde er damit nicht jedesmal das zu verstehen geben, daß er Nichtseiendes als etwas von allem Anderen Verschiedenes bezeichne?

547

Jawohl.

Und also auch in diesem Falle, wenn jemand sagt: »wenn Eins nicht ist«, gibt er uns damit zu verstehen, daß er dies Nichtseiende als etwas von allem Anderen Verschiedenes bezeichnen will, und wir wissen, was er meint?

Wir wissen es.

Zuvörderst meint er also etwas Erkennbares und demnächst etwas von allein Anderen Verschiedenes, sobald er sagt: »Eins«, mag er ihm nun das Sein beilegen oder das Nichtsein; denn auch im letzter Falle wird doch erkannt, daß es ein Etwas ist, was als nichtseiend bezeichnet wird, und dazu ein solches, das verschieden ist von allem Anderen. Oder nicht?

Ja, notwendig.

Hiernach müssen wir denn so anheben: Wenn Eins nicht ist, was muß dann eintreten? Zunächst nun, wie es scheint, muß ihm dann das zukommen, daß es eine Erkenntnis von ihm gibt; denn sorgst würde man ja auch nicht verstehen können, was denn gemeint ist, wenn jemand sagt: »Wenn Eins nicht ist«.

Richtig.

Und sodann auch, daß alles Andere verschieden von ihm sei; denn sonst würde ja auch nicht etwas ganz Bestimmtes, von allem Anderer Verschiedenes mit ihm bezeichnet werden?

Allerdings.

Auch noch die Verschiedenheit aber trägt es dann außer der Erkenn-barkeit an sich. Denn man meint doch nicht die Verschiedenheit alles Anderen, wenn man das Eins als ein von allem Anderen Verschiedenes bezeichnet, sondern seine eigene.

Offenbar.

Und auch an dem Jenes und Etwas und Dessen und Dem und Derer und an allem Derartigen hat sonach das nichtseiende Eins teil. Denn es könnte sonst vom Eins gar nicht gesprochen werden noch von dem vom Eins Verschiedenen, noch könnte ihm etwas zukommen oder seines Besitzes sein oder von ihm ausgesagt werden, wenn es weder an dem Etwas noch an allem übrigen Derartigen teil hätte.

Richtig.

Daß es *ist*, kann freilich dem Eins nicht zukommen, wenn anders es eben *nicht* ist; aber daß es an Vielem teil habe, daran hindert sonach nicht nur nichts, sondern es ist dies sogar notwendig, wenn eben jenes Eins und nicht etwas anderes nicht sein soll. Soll freilich nicht jenes Eins das Nichtseiende, sondern von etwas anderem die Rede sein, dann kommt die ganze Sache für uns auch nicht weiter in Frage: soll aber wirklich jenes Eins und nichts anderes als nichtseiend vorausgesetzt werden, so muß es notwendig an dem Jenes und an noch vielem anderen teilhaben.

Ja freilich.

Und auch Unähnlichkeit hat es gegen das Andere: denn das Andere, eben als verschieden vom Eins, dürfte auch verschiedenartig sein.

Ja.

Und das Verschiedenartige ist von anderer Beschaffenheit?

Wie sollte es nicht?

Und was von anderer Beschaffenheit ist, das ist auch unähnlich?

Allerdings.

Und nicht wahr, wenn es dem Eins unähnlich ist, so ist doch offenbar einem Unähnlichen gegenüber das Unähnliche unähnlich?

Offenbar.

Dann aber kommt auch dem Eins diese Unähnlichkeit zu, in bezug auf die das Andere ihm unähnlich ist.

So scheint es.

Wenn es nun aber: so eine Unähnlichkeit mit allem Anderen hat, muß es dann nicht notwendig Ähnlichkeit mit sich selbst haben?

Inwiefern?

Nun, wenn das Eins Unähnlichkeit mit dem Eins hätte, wäre ja sonach gar nicht von dem die Rede, was so beschaffen ist wie das Eins, und die Voraussetzung bezöge sich gar nicht auf das Eins, sondern auf etwas anderes als das Eins.

Jawohl.

Das soll sie aber doch nicht.

Nein.

Folglich muß also das Eins Ähnlichkeit mit sich selbst haben.

Richtig.

Und ferner auch nicht gleich ist es allem Anderen: denn wenn es ihm gleich wäre, so wäre es einerseits ja schon, und andererseits müßte es leben vermöge der Gleichheit ihm auch ähnlich sein; beides aber ist unmöglich, denn es soll ja eben nicht sein.

Jawohl ist es in möglich.

Da es nun aber allem Anderen nicht gleich ist, muß da nicht notwendig auch alles Andere ihm nicht gleich sein?

Notwendig.

Was aber nicht gleich ist, das ist ungleich?

Ja.

Und nicht wahr, das Ungleiche ist dem Ungleichen ungleich?

Wie anders?

Auch an der Ungleichheit also hat das Eins teil, in bezug auf welche alles Andere ihm ungleich ist?

So ist es.

Nun aber: Zur Ungleichheit gehört doch auch Größe und Kleinheit?

Jawohl.

Folglich auch Größe und Kleinheit hat dieses Eins?

So scheint es.

Größe aber und Kleinheit stehen doch stets einander fern.

Jawohl.

Und es steht mithin stets etwas zwischen ihnen.

So ist es.

Und kannst zu mir nun wohl etwas anderes angeben, was zwischen ihnen stände, als die Gleichheit?

Nein, sondern allein diese.

Was also Größe und Kleinheit hat, dem kommt auch die Gleichheit zu, die zwischen beiden steht.

Offenbar.

Das nichtseiende Eins also, wie es scheint, hat teil an der Gleichheit wie an der Größe und Kleinheit.

So scheint es.

Und traun, sogar am Sein muß es in gewisser Weise teil haben.

Wieso?

Es muß sich doch so verhalten, wie wir sagen. Denn wenn es sich nicht so verhielte, so würden wir ja nichts Wahres aussagen, indem wir sagen, daß das Eins nicht sei; wenn wir aber Wahres aussagen, so geht ja damit unsere Aussage auf etwas, was wirklich ist. Oder ist es nicht so?

Ja, so ist es.

Da wir nun aber doch behaupten, daß wir Wahres aussagen, so müssen wir notwendig behaupten, daß unsere Aussage auch auf etwas wirklich Seiendes gerichtet ist.

Notwendig.

Es ist also wirklich, wie es scheint, das Eins ein Nichtseiendes. Denn wenn es nicht ein Nichtseiendes sein, sondern von diesem Sein etwas ablassen soll zum Nichtsein, so wird es sofort ein Seiendes werden.

Schlechterdings.

Demnach muß es als Band des Nichtseins dies haben: wirklich zu sein ein Nichtseiendes, wenn anders es wirklich nicht sein soll, gerade sowie das Seiende als Band seines Seins dies haben muß: nicht zu sein ein Nichtseiendes, damit es wiederum seinerseits ein vollständiges Sein sei. Denn so dürfte wohl am ersten das Seiende sein und das Nichtseiende nicht sein, wenn einerseits das Seiende teil hat am wirklichen Sein des Seiendseins und am Nichtsein des Nichtseiendseins, falls es anders vollständig und schlechthin sein, und wenn andererseits das Nichtseiende am Nichtsein des Nichtseiendnichtseins und am wirklichen Sein des Nichtseiendseins, falls anders wiederum das Nichtseiende vollständig und schlechthin *nicht sein* soll.

Ganz richtig.

Da nun aber sonach sowohl das Seiende am Nichtsein als auch das Nichtseiende am Sein teil hat, so muß auch das Eins, eben weil es nicht ist, am Sein teilnehmen, nämlich an dem des Nichtseins.

Notwendigerweise.

Auch ein Sein also zeigt sich am Eins, wenn es nicht ist.

Offenbar.   551

Gewiß aber doch auch ein Nichtsein, wenn es doch eben nicht ist?

Wie anders?

Ist es nun aber wohl möglich, daß etwas irgend eine Beschaffenheit haben und zugleich nicht haben kann, oder muß es vielmehr, um sie nicht mehr zu haben, erst einen Übergang durchmachen?

Das letztere.

Alles Derartige somit, wo etwas so und wieder nicht so beschaffen ist, weist auf einen Übergang hin.

Wie anders?

Übergang aber ist Bewegung. Oder als was sollen wir ihn sonst bezeichnen?

Als nichts anderes.

Erschien uns nun nicht das Eins als seiend und wieder als nichtseiend?

Ja.

Und mithin erscheint es uns doch wohl auch als so und wieder als nicht so beschaffen?

Gewiß.

Auch als bewegt hat sich uns mithin das nichtseiende Eins gezeigt, sofern als einen Übergang an sich tragend aus dem Sein in das Nichtsein.

So scheint es.

Aber wenn es nun doch nirgends ist, wie es doch sein muß, wenn es wirklich nicht ist, so kann es doch wohl auch nicht von irgendwoher irgendwohin über gehen?

Unmöglich.

Nicht also kann es sich so bewegen, daß es seinen Ort verändert.

Nein.

Ebensowenig aber auch an demselben Orte sich im Kreise drehen, da es ja mit einer Einerleiheit des Ortes in keinerlei Berührung steht, denn diese Einerleiheit ist ja etwas Seiendes; das nichtseiende Eins aber kann sich unmöglich irgendwo in etwas Seiendem befinden.

Unmöglich.

Und in einem Orte, in welchem es gar nicht ist, kann das nichtseiende Eins sich auch nicht im Kreise herumdrehen.

Sicherlich nicht.

Ebensowenig aber verwandelt und verändert sich das Eins sich selbst gegenüber, weder das seiende noch das nichtseiende. Denn es würde ja fast mehr die Rede sein von dem Eins, wenn es ein anderes würde als es selbst, sondern eben von einem anderen.

Richtig.

Wenn es sich aber weder verwandelt noch in demselben Räume sich herumdreht oder in einen anderen fortschreitet, kann es da überhaupt noch auf irgend eine Art sich bewegen?

Wie sollte es?

Was sich aber nicht bewegt, muß notwendig ruhen, und was ruht, stille stehen.

Notwendig.

Das Eins also, wie es scheint, wenn es nicht ist, steht sowohl stille als es bewegt sich.

So scheint es.

Und fürwahr, sofern es sich bewegt, muß es auch ganz notwendig sich verändern. Denn insoweit etwas sich bewegt, verhält es sich nicht mehr auf dieselbe Weise, als es sich vorher verhielt, sondern auf andere.

So ist es.

Ist das Eins also bewegt, so verändert es sich auch.

Ja.

Und fürwahr, wenn es sich in keiner Weise bewegt, wird es sich auch in keiner Weise verändern.

Gewiß nicht.

Insofern sich also das nichtseiende Eins bewegt, verändert es sich; insofern es sich aber nicht bewegt, verändert es sich nicht.

Nein.

Das Eins somit, wenn es nicht ist, verändert sich und verändert sich auch nicht.

Offenbar.

Muß aber nicht notwendig das, was sich verändert, ein anderes werden als zuvor und seiner früheren Beschaffenheit nach vergehen, das aber, was sich nicht verändert, weder entstehen noch vergehen?

Notwendig.

Auch das nichtseiende Eins also, indem es sich verändert, entsteht und vergeht; insofern es sich aber nicht verändert, entsteht es weder noch vergeht es. Und so entsteht denn sowohl das nichtseiende Eins und vergeht, als es auch weder entsteht noch vergeht.

So verhält es sich.

Noch einmal nun laß uns zum Anfang zurückkehren, um zu sehen, ob sich uns dasselbe ergeben wird wie jetzt, oder etwas Verschiedenes!

Ja, so müsset wir es machen.

Wenn also das Eins nicht ist, sagen wir, was muß dann in bezug auf dasselbe eintreten?

Ja.

Wenn wir nun diesen Ausdruck des »nicht ist« gebrauchen, bezeichnet derselbe da wohl etwas anderes als die Abwesenheit des Seins für das, von welchem wir sagen, daß es nicht ist?

Nein, nichts anderes.

Und ferner, sobald wir sagen, daß etwas nicht ist, meinen wir da, daß es nur in gewisser Hinsicht nicht sei, in anderer aber sei, oder bezeichnet dies so ausgesprochene »nicht ist« nicht vielmehr einfach, daß schlechterdings in keiner Weise ist und am Sein teil hat dies Nichtseiende?

Ja, ganz einfach dies.

Weder *sein* kann also dann das Eins noch auch irgendwie sonst am *Sein* teil haben.

Nein.

Das Entstehen und Vergehen aber, wie wir bereits sahen, ist doch wohl nichts anderes, als das eine das Annehmen und das andere das Aufgeben des Seins?

Nein, nichts anderes.

Was nun aber am Sein in keiner Weise teil haben kann, kann doch wohl dasselbe auch weder annehmen noch aufgeben.

Wie sollte es?

Auch das Eins also, wofern es in keiner Weise mit dem Sein etwas gemein hat, kann dasselbe weder besitzen noch fahren lassen noch erlangen in irgendwelcher Weise.

Natürlich.

Das nichtseiende Eins vergeht mithin weder noch entsteht es, sofern es eben in keiner Weise Gemeinschaft mit dem Sein hat.

Offenbar nicht.

Auch verändert und verwandelt es sich sonach in keiner Hinsicht; denn täte es dies, so entstände und verginge es auch.

Richtig.

Wenn es sich aber nicht verändert, so kann es sich notwendigerweise doch auch nicht bewegen?

Notwendigerweise nicht.

Aber ebensogut müssen wir auch behaupten, daß das nicht stille steht, was nirgends ist. Denn was stille steht, ist notwendig immer in etwas, und zwar in einem und demselben.

Wie sollte es nicht?

Und so müssen wir denn also wiederum sagen, daß das nichtseiende Eins weder je stille stehe noch auch sich bewege.

Gewiß.

Und ferner darf überhaupt nichts Seiendes ihm zukommen. Denn wenn es irgend eines Seienden teilhaftig wäre, so hätte es eben damit ja auch schon mit dem Sein Gemeinschaft.

Offenbar.

Weder Größe mithin noch Kleinheit noch Gleichheit kommt ihm zu.

Nein.

Und auch nicht Ähnlichkeit noch Verschiedenheit weder in Beziehung zu sich selbst noch zu anderem.

Offenbar nicht.

Und wie? Kann wohl alles Andere in irgend welcher Beziehung für dasselbe vorhanden sein, wenn doch überhaupt gar nichts ihm zukommen soll?

Unmöglich.

Dann aber ist ihm das Andere auch weder ähnlich noch unähnlich, weder einerlei mit ihm noch verschieden von ihm.

So ist es.

Und weiter: das Davon oder Dafür, das Etwas, Dies oder Dessen oder Eines anderen oder Für ein anderes, das Früher, Später oder Jetzt, Erkenntnis, Vorstellung, Wahrnehmung, Aussage, Name oder irgend etwas anderes von dem Seienden, – kann das dem Nichtseienden zukommen?

555

Unmöglich.

Folglich gibt es auch für das nichtseiende Eins dies alles in keinerlei Hinsicht.

Nein, in keiner Hinsicht, wie es scheint.

Nun haben wir aber auch noch zu untersuchen, wenn das Eins nicht ist, was dann allem Anderen begegnen muß.

Ja, das haben wir.

Ein anderes muß es zunächst doch wohl sein; denn wenn es überhaupt nicht ein anderes wäre, so könnte gar nicht von dem Anderen die Rede sein.

So ist es.

Wenn aber von dem Anderen die Rede ist, so ist dies Andere auch ein Verschiedenes. Oder brauchst du nicht immer bei derselben Gelegenheit sowohl den Ausdruck »ein Anderes« als auch »ein Verschiedenes«?

Ja freilich.

Verschieden aber, behaupteten wir doch, sei etwas von einem von ihm Verschiedenen und anders als etwas Anderes?

Ja.

Und mithin gibt es denn auch für alles Andere, wenn es wirklich Anderes sein soll, etwas, als welches es anders ist?

Notwendigerweise.

Was kann dies nun aber sein? Denn anders als das Eins kann doch alles Andere nicht sein, wofern jenes überhaupt nicht da ist.

Das ist allerdings unmöglich.

Also gegen einander ist es anders. Denn nur dies bleibt ihm noch übrig, wenn es nicht anders sein soll als nichts.

Richtig.

Und zwar nur Vielheiten oder Mengen können es sein, welche alle gegen ein Inder anders sind; denn von Einheiten ist dies unmöglich, wenn doch eben kein Eins da ist. Jede Masse vielmehr von allein Anderen, wie es scheint, bildet eine unendliche Vielheit, und wenn auch einer das, was ihn das Allerkleinste dünkt, nähme, so erscheint es doch plötzlich wie im Traume, anstatt daß es ihn Eins zu sein dünkte, als Vieles und, anstatt ganz klein, sehr groß im Verhältnis zu seinen fort und fort möglichen Zerteilungen.

556 Ganz richtig.

Alle solche Müssen also sind anders gegen einander, wenn das Eins nicht sein. Anderes aber sein soll.

Zuverlässig.

Und werden es nicht viele solche Massen sein, deren jede als eine erscheint, es aber nicht wirklich ist, wenn doch eben das Eins nicht sein soll?

So steht es.

Auch eine Zahl von ihnen wird es zu geben scheinen, wenn anders jede eben als eine Einheit erscheint, während zugleich ihrer viele sind.

Freilich.

Und einerseits das Gerade und andererseits das Ungerade wird in ihnen enthalten zu sein scheinen, während es doch in Wahrheit nicht in ihnen enthalten sein kann, wenn eben das Eins nicht ist.

Nein, das kann es nicht.

Ja auch ein Kleinstes, wie eben schon gesagt, wird unter ihnen zu sein scheinen; aber eben dies wird wieder als Vieles und Großes erscheinen im Verhältnis zu jedem der Vielen, so klein wie sich diese denken lassen.

Wie anders?

Aber auch als gleich diesen vielen Kleinheiten wird jede jener Massen der Vorstellung erscheinen. Denn sie könnte nicht aus dem Größeren in das Kleinere im Scheine übergehen, ohne daß es das dazwischen Liegende durchzumachen schiene; dies aber dürfte sein der Schein der Gleichheit.

Natürlich.

Wird sie nicht ferner auch gegen jede andere Masse begrenzt und im Verhältnis zu sich selbst weder Anfang noch Mitte noch Ende und Grenze besitzend erscheinen?

Wieso das?

Weil immer, wenn jemand etwas von ihnen in Gedanken erfaßt, als wäre es eins von diesen drei Dingen, ihm notwendig vor dem Anfange stets noch wieder ein anderer Anfang erscheint, und nach dem Ende noch wieder ein übrig bleibendes Ende, und wiederum in der Mitte ein anderes noch wieder als eine genauere und kleinere Mitte als jene Mitte, weil man eben kein einziges einzeln fassen kann, da überhaupt das Eins nicht ist.

Sehr wahr.

Völlig zermalmt und zerstückelt wird somit, wie ich meine, notwendig alles Seiende, was man mit dem Gedanken erfaßt; denn man wird so mit demselben immer eine Masse ohne Einheit ergreifen.

Ja freilich.

Und von fern und oberflächlich angesehen wird demnach eine solche als Eins erscheinen müssen, aber nahebei und genauer betrachtet jenes Einzelne als eine unbegrenzte und unendliche Vielheit, sofern es ja eben des Eins beraubt ist, da es ein solches nicht gibt?

Ganz notwendig.

Als unbegrenzt sonach und begrenzt, und als Eines und Vieles muß jegliches Andere erscheinen, wenn das Eins nicht ist, wohl aber Anderes als das Eins.

Das muß es.

Und wird es nicht auch ähnlich sowohl wie unähnlich zu sein scheinen?

Inwiefern?

Gerade so, wie bei der Bühnenmalerei dem Fernstehenden das Ganze als eine innere Einheit erscheint, so werden auch hier die Massen von fern betrachtet den Schein geben, als ob ihnen Einerleiheit und mithin Ähnlichkeit zukomme.

Jawohl.

Aber, wenn man näher hinzutritt, sich als Vieles und Verschiedenes und durch den Schein der Verschiedenheit als verschiedenartig Und sich selbst unähnlich zeigen.

So ist es.

Also auch sowohl als ähnlich wie als unähnlich muß jede Masse sich selbst und alle einander erscheinen.

Jawohl.

Und auch als einerlei mit einander wie als verschieden von einander, als sich selbst berührend sowie als getrennt von sich selbst, als bewegt nach allen möglichen Bewegungen sowie als stillestehend schlechthin, sowohl als entstehend wie als vergehend, und wiederum als keines von beidem, und alles dergleichen, was durchzugehen uns nun schon sehr leicht fallen würde, müsset die Massen erscheinen, wenn, ohne daß 558 Eins ist, Vieles sein soll.

Sehr richtig.

Noch einmal laß uns nun zum Anfange zurückkehren und untersuchen, wenn Eins nicht ist, wohl aber alles Andere außer dem Eins, was darin folgt?

Untersuchen wir es!

Eins wird nun danach doch alles Andere nicht sein.

Wie sollte es?

Aber auch nicht Vieles. Denn in dem vielen Seienden muß auch das Eins enthalten sein: denn wenn nichts von ihnen Eins ist, so ist eben alles nichts, so daß dann auch nicht Vieles ist.

Richtig.

Wenn also in allem Anderen kein Eins enthalten ist, so ist dies Andere weder Vieles noch auch Eins.

Allerdings.

Und auch nicht einmal erscheinen kann es als Eins noch als Vieles.

Warum denn nicht?

Weil ja an allem Nichtseienden alles Andere in keiner Art und Weise Gemeinschaft haben und nichts Nichtseiendes an irgend etwas Anderem sich finden kann; denn was nicht ist, hat auch an nichts teil.

Richtig.

Und folglich kann auch keine Vorstellung und kein Schein des Nichtseienden sich bei allem Anderen finden, und das Nichtseiende kann mithin nie in irgend einer Weise unserer Vorstellung an allem Anderen erscheinen.

Freilich nicht.

Wenn also Eins nicht ist, so kann sich auch nicht die Vorstellung bilden, daß etwas von allem Anderen Eins noch auch Vieles sei: denn Vieles ohne Eins sich vorzustellen ist eine Unmöglichkeit.

Jawohl.

Wenn also Eins nicht ist, so *ist* alles Andere weder, noch *erscheint* es weder als Eins noch als Vieles. Ja, so sieht es aus.

Und mithin auch weder als ähnlich noch als unähnlich. Allerdings. Und weder als einerlei noch als verschieden, weder als sich berührend noch als von sich getrennt, noch als alles andere, was wir vorher als dem Scheine nach ihm zukommend durchgenommen haben, – als nichts von diesem allen *erscheint* weder, noch *ist* etwas von ihnen alles Andere, wenn das Eins nicht ist.

559

Richtig.

Gesetzt nun also, wir sagten, dies alles zusammenfassend: Wenn Eins nicht ist so ist überhaupt gar nichts, – würden wir damit nicht die Wahrheit sprechen?

Durchaus.

So wollen wir denn auch einerseits dies aussprechen und andererseits unser Gesamtergebnis dahin zusammenfassen, daß, wie es scheint, das Eins mag nun sein oder nicht sein, sowohl es selbst als alles Andere, jedes für sich und alles in bezug auf einander, alles auf alle Weise ist und nicht ist und zu sein scheint und nicht scheint.

Vollkommen richtig.

560

Biographie

427
Als Sohn aus dem adligen Geschlecht des Kodros wird Platon in Athen geboren. Ursprünglich soll sein Name Aristokles (nach dem Großvater) gewesen sein.

In seiner Jugend schreibt Platon Tragödien, Dithyramben und Gesänge; erhalten ist u.a. ein Epigramm an einen seiner besten Freunde (aster = Stern): »Nach den Sternen blickst Du, mein Aster, o möcht´ ich der Himmel werden, um auf Dich mit so viel Augen zu sehn«.

Ursprünglich zum Staatsmann bestimmt, wird Platon durch Kratylos mit den Lehren des Heraklit vertraut. Dann schließt er sich eng an den Lehrer Sokrates an, studiert aber auch die Eleaten und Pythagoreer.

399
Nach dem Tod seines Lehrers unternimmt Platon mehrere Reisen, zuerst zu Euklid von Megara, später nach Kyrene und Ägypten. In Kyrene treibt er Studien unter der Anleitung des Mathematikers Theodorus und schreibt seine ersten Dialoge, die sich mit dem Erkenntnisproblem beschäftigen.

388
Auf seiner ersten Reise nach Sizilien nimmt Platon Kontakt mit den Pythagoreern in Unteritalien auf.

um 387
Platon gründet in Athen eine Philosophen-Schule, die nach dem Heros Akademos »Akademie« benannt wird. Hier entwirft er das Ideal eines Staates, in dem Philosophen eine gerechte Herrschaft ausüben.

366
Auf zwei weiteren Reisen nach Syrakus auf Sizilien versucht der Philosoph vergeblich, den Tyrannen Dionysios I. und anschließend Dionysos II. für das Ideal eines nach Grundsätzen seiner Philosophie regierten Staates zu gewinnen.

360
Die letzten Lebensjahre ist Platon in Athen als Lehrer tätig.

348
Platon stirbt. Nachfolger in der Akademie wird sein Neffe Speusipp.

36 n. Chr.
Die Schriften Platons werden von Thrasyllos von Mendes

herausgegeben; in der Antike sind sie in neun Tetralogien geordnet.

Überliefert sind 36 Schriften, die teilweise jedoch unecht, teilweise zweifelhaft sind. Außer der »Apologie« und den »Briefen« Nr. 6/7 sind alle Texte in Dialogform verfaßt. Die Chronologie der Schriften ist bis heute umstritten.

Die Ordnung nach den neun Tetralogien ist folgende: I. »Euthyphron«, »Apologie«, »Kriton«, »Phaidon«. II. »Kratylos«, »Theaitetos«, »Sophistes«, »Politikos«. III. »Parmenides«, »Philebos«, »Symposion«, »Phaidros«. IV. »Alkibiades I«, »Alkibiades II«, »Hipparchos«, »Anterastai«. V. »Theages«, »Charmides«, »Laches«, »Lysis«. VI. »Euthydemos«, »Protagoras«, »Gorgias«, »Menon«. VII. »Hippias I u. II«, »Ion«, »Menexenos«. VIII. »Kleitophon«, »Politeia«, »Timaios«, »Kritias«. IX. »Minos«, »Nomoi«, »Epinomis«, »Briefe«.

Davon sicher unecht: »Minos«, »Epinomis«, »Alkibiades II«, »Theages«, »Anterastai«, »Kleitophon«, »Hipparch«; zweifelhaft: »Alkibiades I«, »Hippias I«, »Ion«.

Gegenstand der Dialoge sind kurz folgende Themen: 1. *Apologie:* Verteidigung und Idealisierung des Sokrates; 2. *Kriton:* Über die Achtung der Gesetze; 3. *Phaidon:* Über die Unsterblichkeit; 4. *Kratylos:* Über die Sprache; 5. *Theaitetos:* Über die Wahrnehmung und das Wissen; 6. *Sophistes:* Über das Nichtseiende und das »Andere«; 7. *Politikos:* Begriff des guten Staatsmanns; 8. *Parmenides:* Über die Ideenlehre und die »Einheit«; 9. *Philebos:* Über das Gute und die Lust; 10. *Symposion:* Über die Liebe zum Wahren, Guten und Schönen; 11. *Phaidros:* Ideenlehre, bes. Idee des Schönen; 12. *Charmides:* Über die Besonnenheit (sophrosynae); 13. *Laches:* Über die Tapferkeit; 14. *Lysis:* Über die Freundschaft; 15. *Euthydemos:* Über sophistische Eristik; 16. *Protagoras:* Der Relativismus der Sophisten wird durch den Standpunkt fester Begriffe kritisiert; 17. *Gorgias:* Kritik der sophistischen Rhetorik und egoistischen Moral vom Standpunkt der Sittlichkeit aus; 18. *Menon:* Tugendlehre und Wiedererinnerungslehre;

19. *Hippias I:* Über das Schöne; 20. *Hippias II:* Über die Lüge; 21. *Ion:* Über die Kunst des Rhapsoden; 22. *Menexenos:* Über Rhetorik; 23. *Politeia:* Über den Idealstaat; 24. *Timaios:* Naturphilosophie und Ideenlehre; 25. *Kritias:* Bericht über »Atlantis«; 26. *Nomoi:* Über den zweitbesten Staat (Mischung aus Monarchie und Demokratie)

Die Bestimmung der Chronologie seitens der Fachphilosophen krankt nicht zuletzt daran, daß sie den jeweils vertretenen systematischen Positionen gemäß eingerichtet wird. Prominentes Beispiel für dieses Vorgehen ist Paul Natorps Buch »Platos Ideenlehre. Eine Einführung in den Idealismus« (1903), in dem die Ideen nicht als ontologische Wesenheiten, sondern als Formen gesetzlicher Erkenntnis interpretiert werden, gemäß derer das Denken sich seine Gegenstände – idealistisch – konstruiert; das logische Gesetz schafft bzw. erzeugt in der Erkenntnis und für sie ihren jeweiligen Gegenstand. Entlang dieser apriorischen Denkgebilde wird nicht allein Platons Ideenlehre einer idealistischen Auslegung zugeführt, sondern werden auch seine Dialoge neu sortiert.

Platons Werke erschienen zuerst lateinisch in der Übersetzung von Marsilius Ficinus, 1483 ff., und auf Griechisch im Jahre 1513. Sie werden üblicherweise nach der Ausgabe des H. Stephanus von 1578 zitiert.

Lektürehinweise

W. Bröcker, Platos Gespräche, Frankfurt a.M. 1964.
K. Bormann, Platon, Freiburg, München 1973 u.ö.
R. M. Hare, Platon. Eine Einführung, Stuttgart 1990.
Andreas Schubert, Platon, »Der Staat«. Ein einführender Kommentar, Paderborn, München, Wien, Zürich 1995 (UTB 1866).

Erzählungen aus dem Biedermeier

Biedermeier - das klingt in heutigen Ohren nach langweiligem Spießertum, nach geschmacklosen rosa Teetässchen in Wohnzimmern, die aussehen wie Puppenstuben und in denen es irgendwie nach »Omma« riecht.

Zu Recht. Aber nicht nur.

Biedermeier ist auch die Zeit einer zarten Literatur der Flucht ins Idyll, des Rückzuges ins private Glück und der Tugenden. Die Menschen im Europa nach Napoleon hatten die Nase voll von großen neuen Ideen, das aufstrebende Bürgertum forderte und entwickelte eine eigene Kunst und Kultur für sich, die unabhängig von feudaler Großmannssucht bestehen sollte.

Georg Büchner Lenz **Karl Gutzkow** Wally, die Zweiflerin **Annette von Droste-Hülshoff** Die Judenbuche **Friedrich Hebbel** Matteo **Jeremias Gotthelf** Elsi, die seltsame Magd **Georg Weerth** Fragment eines Romans **Franz Grillparzer** Der arme Spielmann **Eduard Mörike** Mozart auf der Reise nach Prag **Berthold Auerbach** Der Viereckig oder die amerikanische Kiste

ISBN 978-3-8430-1884-5, 444 Seiten, 29,80 €

Erzählungen aus dem Biedermeier II

Annette von Droste-Hülshoff Ledwina **Franz Grillparzer** Das Kloster bei Sendomir **Friedrich Hebbel** Schnock **Eduard Mörike** Der Schatz **Georg Weerth** Leben und Taten des berühmten Ritters Schnapphahnski **Jeremias Gotthelf** Das Erdbeerimareili **Berthold Auerbach** Lucifer

ISBN 978-3-8430-1885-2, 440 Seiten, 29,80 €

Erzählungen aus dem Biedermeier III

Eduard Mörike Lucie Gelmeroth **Annette von Droste-Hülshoff** Westfälische Schilderungen **Annette von Droste-Hülshoff** Bei uns zulande auf dem Lande **Berthold Auerbach** Brosi und Moni **Jeremias Gotthelf** Die schwarze Spinne **Friedrich Hebbel** Anna **Friedrich Hebbel** Die Kuh **Jeremias Gotthelf** Barthli der Korber **Berthold Auerbach** Barfüßele

ISBN 978-3-8430-1886-9, 452 Seiten, 29,80 €